Hauptschule Bayern

Das Hirschgraben Deutschbuch

6

Erarbeitet von
Susanne Bonora, Scheßlitz
Julia Fliege, Scheßlitz
Sylvelin Leipold, Burgebrach
Blanka Schulte, Bamberg
Angela Unterburger, Cadolzburg
Brigitte Vogel, Straßkirchen
Martina Zillner, Mühldorf am Inn

Unter Beratung von
Gisela Baumgarten, München
Werner Bayer, Tirschenreuth
Ulrich Glaser, Wunsiedel
Christoph Hartmann, Aschaffenburg
Werner Heidenreich, Nürnberg
Peter Lang, Freising
Corinna Niedring, Eichenau

Cornelsen

So kannst du mit dem Hirschgraben Deutschbuch arbeiten

Tipp

Diese Zettel helfen beim Lösen einer Aufgabe.

Merke!

Diese Zettel enthalten Regeln und Grundwissen.

Wortlisten: Hier stehen Wörter für das Rechtschreibtraining. Hinweise zum Üben findest du auf Seite 144 ff.

Präteritum

▶ S. 163

Auf dieser Seite kannst du weiterarbeiten oder nachschlagen. Ein **f.** hinter der Seitenzahl bedeutet „und die folgende Seite“, **ff.** bedeutet „und die folgende**n** Seite**n**“.

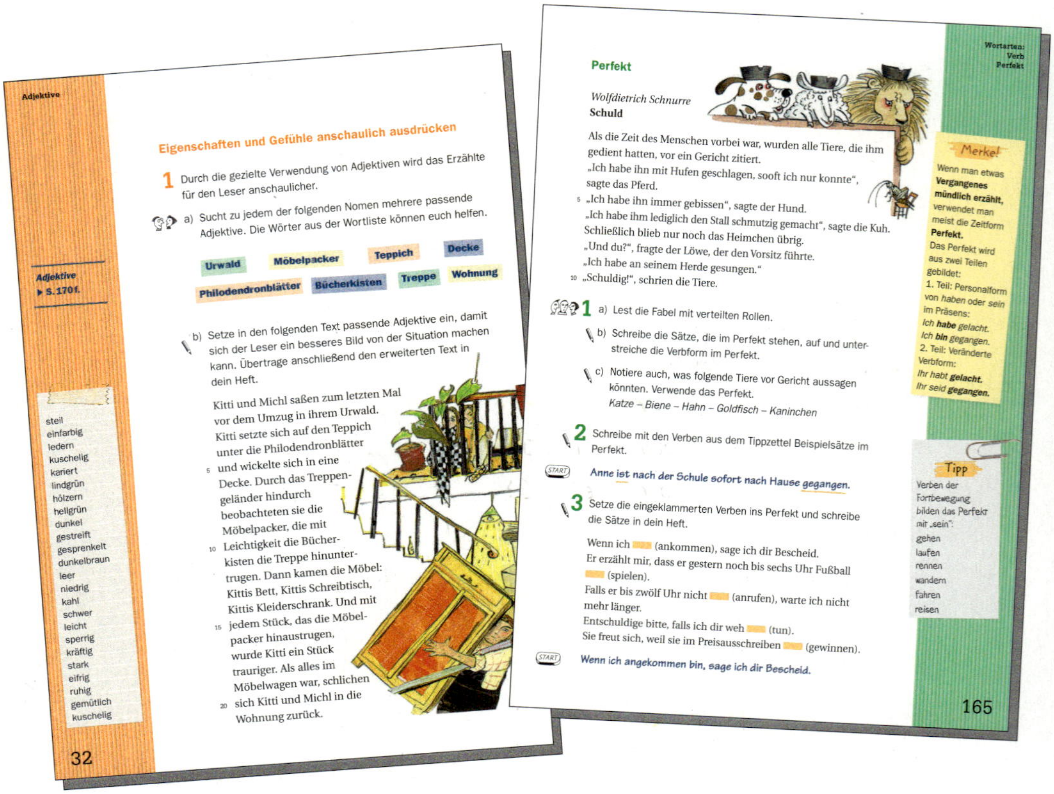

Adjektive

Eigenschaften und Gefühle anschaulich ausdrücken

1 Durch die gezielte Verwendung von Adjektiven wird das Erzählte für den Leser anschaulicher.

a) Sucht zu jedem der folgenden Nomen mehrere passende Adjektive. Die Wörter aus der Wortliste können euch helfen.

Urwald **Möbelpacker** **Teppich** **Decke** **Philodendronblätter** **Bücherkisten** **Treppe** **Wohnung**

b) Setze in den folgenden Text passende Adjektive ein, damit sich der Leser ein besseres Bild von der Situation machen kann. Übertrage anschließend den erweiterten Text in dein Heft.

Kitti und Michl saßen zum letzten Mal vor dem Umzug in ihrem Urwald. Kitti setzte sich auf den Teppich unter die Philodendronblätter und wickelte sich in eine Decke. Durch das Treppengeländer hindurch beobachteten sie die Möbelpacker, die mit Leichtigkeit die Bücherkisten die Treppe hinuntertrugen. Dann kamen die Möbel: Kittis Bett, Kittis Schreibtisch, Kittis Kleiderschrank. Und mit jedem Stück, das die Möbelpacker hinaustrugen, wurde Kitti ein Stück trauriger. Als alles im Möbelwagen war, schlichen sich Kitti und Michl in die Wohnung zurück.

Adjektive
▶ S. 170 f.

steil
einfarbig
ledern
kuschelig
kariert
lindgrün
hölzern
hellgrün
dunkel
gestreift
gesprenkelt
dunkelbraun
leer
niedrig
kahl
schwer
leicht
sperrig
kräftig
stark
eifrig
ruhig
gemütlich
kuschelig

32

Wortarten: Verb Perfekt

Perfekt

Wolfdietrich Schnurre
Schuld

Als die Zeit des Menschen vorbei war, wurden alle Tiere, die ihm gedient hatten, vor ein Gericht zitiert. „Ich habe ihn mit Hufen geschlagen, sooft ich nur konnte“, sagte das Pferd. „Ich habe ihn immer gebissen“, sagte der Hund. „Ich habe ihm lediglich den Stall schmutzig gemacht“, sagte die Kuh. Schließlich blieb nur noch das Heimchen übrig. „Und du?“, fragte der Löwe, der den Vorsitz führte. „Ich habe an seinem Herde gesungen.“ „Schuldig!“, schrien die Tiere.

1 a) Lest die Fabel mit verteilten Rollen.

b) Schreibe die Sätze, die im Perfekt stehen, auf und unterstreiche die Verbform im Perfekt.

c) Notiere auch, was folgende Tiere vor Gericht aussagen könnten. Verwende das Perfekt.
Katze – Biene – Hahn – Goldfisch – Kaninchen

2 Schreibe mit den Verben aus dem Tippzettel Beispielsätze im Perfekt.

START *Anne ist nach der Schule sofort nach Hause gegangen.*

3 Setze die eingeklammerten Verben ins Perfekt und schreibe die Sätze in dein Heft.

Wenn ich ___ (ankommen), sage ich dir Bescheid.
Er erzählt mir, dass er gestern noch bis sechs Uhr Fußball ___ (spielen).
Falls er bis zwölf Uhr nicht ___ (anrufen), warte ich nicht mehr länger.
Entschuldige bitte, falls ich dir weh ___ (tun).
Sie freut sich, weil sie im Preisausschreiben ___ (gewinnen).

START *Wenn ich angekommen bin, sage ich dir Bescheid.*

Merke!
Wenn man etwas **Vergangenes mündlich erzählt,** verwendet man meist die Zeitform **Perfekt.**
Das Perfekt wird aus zwei Teilen gebildet:
1. Teil: Personalform von *haben* oder *sein* im Präsens:
*Ich **habe** gelacht.*
*Ich **bin** gegangen.*
2. Teil: Veränderte Verbform:
*Ihr habt **gelacht.***
*Ihr seid **gegangen.***

Tipp
Verben der Fortbewegung bilden das Perfekt mit „sein“:
gehen
laufen
rennen
wandern
fahren
reisen

165

Diese Zeichen bedeuten:

START — Starthilfe zum Lösen einer Aufgabe

✎ — Schreibaufgabe (Steht der Stift vor der Aufgabenzahl, ist die ganze Aufgabe schriftlich zu lösen.)

Partnerarbeit

Gruppenarbeit (zu dritt, höchstens zu viert)

Wiederholen und vertiefen — Auf diesen Seiten trainierst du für Probearbeiten.

Sprechen und schreiben

Arbeitstechniken

Richtig schreiben

Sprache untersuchen

Inhaltsverzeichnis

8 Sprechen und Schreiben

8 Miteinander sprechen

Konflikte angehen und sprachlich lösen 8 Gesprächsregeln aufstellen

Gesprächstechniken anwenden 9 Gespräche angemessen führen

Ich- und Du-Botschaften 10 Konflikte sprachlich bewältigen

Rollenspiele 12 Aktives Zuhören üben

14 Der Klassenrat

16 Meinungen und Anliegen darlegen

Gefühle und Ansichten verbalisieren 16 Meinungen äußern und begründen

Flyer, sachlicher Brief 18 Anliegen schriftlich äußern

Textaufbau und -gestaltung planen 21 Eine Wandzeitung gestalten

Probearbeiten vorbereiten 22 **Wiederholen und vertiefen**

24 Erzählen

literarische Texte erschließen 24 Eine Erzählung untersuchen

erzählerische Mittel einsetzen 27 Eine Erzählung ergänzen

Probearbeiten vorbereiten 34 **Wiederholen und vertiefen**

38 Schwänke und Sagen

literarische Texte verstehen und vortragen 38 Einen Schwank erschließen

Szenen verfassen und vorspielen 40 Einen Schwank spielen

mündliches Erzählen 42 Sagen erzählen

44 Kreativ mit Sprache umgehen

spielerisch mit Sprache umgehen 44 Gedichte verändern

Texte verändern, Einfügen von Gedanken 46 Gedichte verfassen

Texte erleben und vortragen 48 Vortragen ist eine Kunst

50 Vorgänge und Abläufe beschreiben

Versuche sachangemessen beschreiben | 50 | Versuche beschreiben

Probearbeiten vorbereiten | 54 | **Wiederholen und vertiefen**

56 (Vor-)Lesen trainieren

mit literarischen Texten umgehen | 56 | Einen Vorlesewettbewerb vorbereiten

literarische Texte sinnerfassend lesen | 58 | Einen Vorleseabschnitt auswählen

klanggestaltend lesen, Lesevorträge beurteilen | 59 | Einen Lesevortrag üben und bewerten

genau lesen und flüssig vorlesen | 60 | Lesetechnik verbessern

62 Berichten für die Schülerzeitung

Sachverhalte beschreiben, W-Fragen klären | 62 | Die Reihenfolge wiedergeben

von Geschehnissen berichten | 64 | Informationen festhalten

einen sachlichen Text schreiben | 66 | Einen Bericht verfassen

Sachangemessenheit prüfen | 67 | Einen Bericht überarbeiten

Probearbeiten vorbereiten | 68 | **Wiederholen und vertiefen**

70 Sich und andere informieren

Informationen selbstständig beschaffen | 70 | Auskünfte einholen

Telefongespräche führen | 71 | Telefonisch Auskünfte einholen

das Internet als Informationsquelle verwenden | 72 | Informationsquellen nutzen

Fragebogen entwerfen | 74 | Ein Interview vorbereiten

Befragungen erarbeiten und durchführen | 76 | Ein Interview durchführen

Sachverhalte verständlich aufschreiben | 77 | Informationen bearbeiten

Arbeitsergebnisse gestalten und präsentieren | 78 | Ein Informationsplakat erstellen

gewonnene Informationen weitergeben | 79 | Ein Kurzreferat halten

80 Arbeitstechniken

80 Arbeitsanweisungen verstehen
82 Nachschlagen
83 Ordnen nach dem Alphabet
84 Sich im Wörterbuch orientieren
86 Hinweise verstehen
87 Die richtigen Stichwörter finden
87 Abkürzungen verstehen
mit dem Computer umgehen **88 Im Internet Informationen suchen**
88 Suchmaschinen für Kinder
90 Suchmaschinen vergleichen
wesentliche Aussagen erkennen **92 Informationen aus Texten entnehmen**
Informationen weitergeben **96 Ein Kurzreferat halten**
96 Das Thema erschließen
97 Informationsmaterial sichten

98 Informationsmaterial erschließen
99 Ein Kurzreferat vorbereiten
100 Den Aufbau planen
101 Ein Referat vortragen
102 Texte überarbeiten
102 Schreibkonferenz
104 Textlupe für die schriftliche Erzählung: Inhalt
105 Textlupe: Rechtschreibung
106 Textlupe für die schriftliche Erzählung: Sprache

108 Schaubilder beschreiben
110 Probearbeiten vorbereiten

112 Richtig schreiben

112 Kontrolllesen

114 Rechtschreibhilfen

114 Hilfe 1: Wortbausteine erkennen
118 Hilfe 2: Deutlich sprechen – genau hinhören
119 Hilfe 3: Wörter verlängern
120 Hilfe 4: Verwandte Wörter suchen
122 Hilfe 5: Rechtschreibregeln anwenden

124 An Fehlerschwerpunkten üben

124 Nomen an ihren Begleitwörtern erkennen
126 Aus Verben werden Nomen
128 Adjektive wie Nomen gebrauchen
130 Schreibweisen bei lang gesprochenen Vokalen
132 Gleicher Klang – unterschiedliche Schreibweise – andere Bedeutung
133 ß nach langem Vokal
134 Wörter mit ss
135 ss oder ß?
136 Schreibweisen bei kurz gesprochenen Vokalen
137 Wörter mit ck und tz
138 Getrennt- und Zusammenschreibung
140 Fremdwörter richtig schreiben
141 Wörter trennen
142 Zeichensetzung bei wörtlicher Rede

144 Rechtschreiben trainieren

144 Mit Wortlisten trainieren
146 Mit einer Rechtschreibkartei üben
147 Mit einem Fehlerheft üben
150 Mit Diktaten üben
154 Übungstexte
156 **Wiederholen und vertiefen**

160 Sprache untersuchen

160 Nomen untersuchen
162 Zeitformen des Verbs
162 Präsens
163 Präteritum
164 Futur
165 Perfekt
166 Plusquamperfekt
168 Zeitformen-Mix
169 Zeitformen zum Würfeln
170 Adjektive und ihre Wirkung
172 Präpositionen
174 Sätze verbinden
174 Satzreihen
176 Satzgefüge
177 Satzgefüge mit „das“ oder „dass“
179 Übungstexte zur Kommasetzung
180 Sätze und Satzglieder
180 Verschiedene Satzarten verwenden
181 Subjekt und Prädikat
183 Objekte
186 Adverbiale Bestimmungen
188 Über Wortbedeutungen nachdenken
191 Wortfamilien
192 „Wie“ und „als“ beim Vergleich
193 Ober- und Unterbegriffe
194 Redensarten und bildhafte Vergleiche
196 **Wiederholen und vertiefen**

200 Grundwissen Texte schreiben
202 Grundwissen Richtig schreiben
205 Grundwissen Sprache untersuchen

212 Text- und Bildquellen
213 Lösungen
214 Stichwortverzeichnis
216 Impressum

Miteinander sprechen

Gesprächsregeln aufstellen

1 a) Lest die Auseinandersetzung laut mit verteilten Rollen. Was fällt auf?

b) Beschreibt, wie sich die Beteiligten fühlen könnten.

c) Begründet, warum sich das Problem so nicht lösen lässt.

2 Bei diesem Streitgespräch werden wichtige Gesprächsregeln nicht eingehalten.

a) Notiert, was die Personen falsch gemacht haben.

b) Formuliert nun positive Gesprächsregeln.

START

– **Wir lassen einander ausreden.**
– ...

Tipp
positiv: bejahend, zustimmend

3 Gestaltet ein Plakat mit euren Gesprächsregeln für das Klassenzimmer.

Gespräche angemessen führen

1 Eva entschuldigt sich bei Paul:

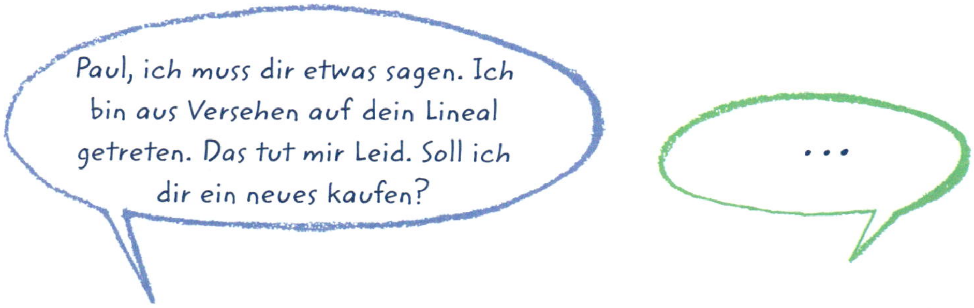

a) Beschreibe Evas Verhalten. Wie fühlt sie sich dabei?

b) Nimmt Paul die Entschuldigung an? Formuliere eine mögliche Antwort.

c) Entschuldige dich bei einer Mitschülerin/ einem Mitschüler für
- eine Rempelei,
- einen Tintenfleck auf der Hose,
- eine Beleidigung.

2 a) Warum hat Tobias mit seinem Anliegen sicherlich keinen Erfolg bei seiner Lehrerin? Begründe.

b) Ihr könnt es sicher besser! Bildet Kleingruppen und spielt folgende Situationen im Rollenspiel nach:

Gesprächsanliegen	**Rektor/in**	**Eltern**	**Mitschüler/in**
Du entschuldigst dich, dass du zu spät gekommen bist.	?	?	?
Du möchtest eine Klassenfeier organisieren und bittest um Unterstützung.	?	?	?
Du fühlst dich ungerecht behandelt und möchtest die Sache klären.	?	?	?

Merke!

So kannst du deine **Entschuldigung** beginnen:
- Herr Müller, bitte entschuldigen Sie ...
- Es tut mir sehr Leid, dass ...
- Entschuldigung, dass ich ...
- Verzeihung, ich ...
- Ich bedauere, dass ...

Konflikte sprachlich bewältigen

Marie ist ärgerlich:

1 Vergleiche beide Situationen.

a) Welche Sätze wirken auf Jonas verletzend? Begründe.

b) Welches Wort wiederholt sich in jedem Satz?

2 In einem Streit solltest du Du-Botschaften vermeiden, da sie auf unterschiedliche Art und Weise verletzen. Beschreibe, wie du dich bei folgenden Äußerungen fühlst:

„Du Depp!" *„Du nervst!"* *„Du mit deiner Billigjeans!"*

„Immer machst du das falsch!" *„Du machst das jetzt!"*

„Wenn du nicht sofort ..., dann ..." *„Das warst du!"*

3 Wandle folgende Aussagen in Ich-Botschaften um:

Julia: **„Mensch, Isabell, du bist echt unverschämt! Seit Wochen benutzt du selbstverständlich meinen Kleber und meinen Block. Kannst du nicht mal dein eigenes Material mitbringen? Du nervst mich echt total!"**

Merke!

Mit Du-Botschaften kann man im Streit:
- drohen
- befehlen
- lächerlich machen
- beschuldigen
- demütigen
- kritisieren
- beleidigen

Streitfälle

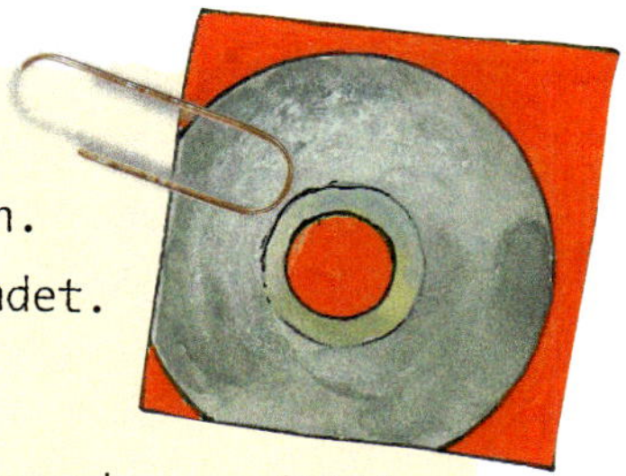

Fall 1

Du hast einem Mitschüler eine CD geliehen. Er gesteht dir, dass er sie nicht mehr findet.

Fall 2

Du hast eine neue Jacke, die dir besonders gefällt. In der großen Pause rempelt dich jemand an und dein Saft schwappt über deine Jacke.

Fall 3

In der kleinen Pause tuscheln deine zwei besten Freundinnen miteinander und schauen dabei immer wieder zu dir. Du hast den Eindruck, sie sprechen über dich.

Fall 4

Du leihst deinen GSE-Ordner einer Mitschülerin, damit sie ihre Einträge vervollständigen kann. Die Ordner werden am Montag eingesammelt und die Mitschülerin hat ihn vergessen mitzubringen. Du kannst deinen Ordner nicht abgeben.

4 Überlegt gemeinsam, was die betroffenen Schülerinnen und Schüler in der jeweiligen Situation sagen.
Fall 1 könntet ihr so formulieren:

START

Mit Du-Botschaften:
Du hast meine CD verloren? Typisch, du verschlampst immer alles! Du musst mir eine neue kaufen.

Mit Ich-Botschaften:
Ich finde es echt doof, dass meine CD weg ist. Ich möchte diese CD aber schon gerne wiederhaben. Wir müssen uns etwas überlegen.

5 a) Spielt die unterschiedlichen Szenen im Rollenspiel nach.

b) Sprecht über die jeweilige Wirkung der Szenen.

Aktives Zuhören üben

Merke!

Pantomime: schauspielerische Darstellung ohne Worte, nur mit **Mimik** (Gesichtsausdruck) und **Gestik** (Körperbewegung).

1 Pantomimisches Spiel: Spiegelbild

a) Zwei Schülerinnen/Schüler stehen sich gegenüber. Die/der eine macht pantomimisch verschiedene Bewegungen vor. Die/der andere macht alles spiegelbildlich nach.

b) Besprecht nach dem ersten Durchgang, welche Schwierigkeiten auftraten, und tauscht anschließend die Rollen.

2 Bildbeschreibung

a) Beschreibe deiner Partnerin/deinem Partner ausführlich, was auf dem Bild zu sehen ist. Sie/er darf das Bild dabei nicht sehen.

b) Lass sie/ihn wiederholen, was sie/er sich merken konnte. Was fehlt? Ergänze die Beschreibung.

Merke!

Merkmale für genaues Zuhören:
- ausreden lassen
- nachfragen
- Blickkontakt suchen
- auf Gehörtes reagieren, z. B. mit Kopfnicken oder Kopfschütteln
- versuchen, sich in den Erzähler hineinzuversetzen

3 Spiel: Malen nach Angaben

a) Zwei Schülerinnen/Schüler sitzen Rücken an Rücken. Vor ihnen liegen ein Blatt Papier und ein Stift. Beide malen. Eine/einer gibt genaue Anweisungen, wie das Bild gestaltet sein soll. Die/der andere muss genau zuhören und die Angaben umsetzen.

b) Nach dem Spiel vergleichen die beiden ihre Zeichnungen und versuchen zu klären, woher die Unterschiede kommen.

4 Diskutiert in der Klasse

Zuhören ist manchmal schwierig, weil ...
Zuhören ist manchmal schwierig, wenn ...

1. Situation:

2. Situation:

5 a) Spielt beide Situationen nach. Worin liegen die Unterschiede?

b) Welche Sätze im zweiten Gespräch verhindern Missverständnisse?

c) Spielt das zweite Gespräch nach. Verwendet folgende Gründe für eine Absage:

Sportverein **Kopfschmerzen** **Hausaufgaben**

6 Du möchtest, dass dir deine Eltern mehr Taschengeld geben. Diese sind jedoch dagegen. Spielt das Streitgespräch in Dreiergruppen nach. Wendet dabei die Methode des aktiven Zuhörens an.

Merke!

Methode des aktiven Zuhörens:
- „Habe ich dich richtig verstanden, dass …“
- „Meinst du, dass …“
- „Ich sehe das ein, wenn …“

Der Klassenrat

1 Die Einrichtung eines Klassenrats ist eine Möglichkeit, Streitigkeiten zu lösen.

Klassenrat

VORSITZENDE: Klassensprecherin Tanja

BEISITZER: stellvertretender Klassensprecher Mehmet, Svenja, Kai, Simon

REGELN:

1. Jedes Klassenmitglied darf seine Beschwerde vorbringen (Achtung: Gesprächsregeln beachten!)
2. Die Streitpartner schildern den Konflikt jeweils aus ihrer Sicht.
3. Vorsitzende und Beisitzer versuchen den Fall zu klären und eine Regelung vorzuschlagen.
4. Die Klasse stimmt darüber ab, ob sie mit der Regelung einverstanden ist.

a) Überlegt, bei welchen Streitigkeiten es sinnvoll sein könnte, einen Klassenrat einzuberufen.

b) Was kann man bei der Einberufung eines Klassenrats lernen?

c) Welche Schwierigkeiten sind zu erwarten? Lassen sie sich durch weitere Regeln beheben?

d) Ergänzt Regeln, die euch wichtig sind.

2 Sinnvoll ist es, die Themen für den Klassenrat auf einem Plakat zu sammeln.

a) Gestaltet unterschiedliche Plakate für euren Klassenrat.

b) Stellt eure Entwürfe vor und wählt den zweckmäßigsten aus.

Tanja: „Die Sitzung ist eröffnet. Wer will anfangen?"
Arne: „Die blöden Mädchen haben mein Handy geklaut."
Tanja: „Wer von den Mädchen möchte dazu was sagen?"
Ina: „Der ist ja völlig bescheuert. Noch nie habe ich sein blödes Handy angefasst."
Arne: „Das glaub ich nicht! Ihr habt mir auch schon öfter meine Jacke versteckt."
Sarah: „Alte Petze!"
Anke: „Und außerdem, hast du schon mal an Peter gedacht? Den hast du doch letztens auch geärgert. Vielleicht will der sich ja rächen!"
Arne: „Der soll nur noch mal …"
Tanja: „Halt, halt! Bitte denkt an unsere Gesprächsregeln!"

Merke!

Im **Klassenrat** solltet ihr
- das Problem vorstellen,
- allen Beteiligten zuhören,
- gezielt nachfragen,
- das Problem eingrenzen,
- Lösungen und Kompromisse suchen.

1 Gegen welche Regeln ist hier eurer Meinung nach verstoßen worden?

2 Simon hat sich während dieser Streiterei zurückgehalten. Stattdessen notiert er sich folgende Stichpunkte:

- Wann hat Arne das Handy das letzte Mal gesehen?
- Hat Arne auch wirklich genau in seiner Tasche nachgesehen?
- Ist Ankes Bemerkung nur ein Gerücht?
- …

Formuliert weitere eindeutige Fragen.

Tipp

Gerücht: unbewiesene Nachricht, Gerede

3 Arne findet doch tatsächlich sein Handy in seiner eigenen Schultasche. Dennoch ist die Stimmung in der Klasse getrübt.

a) Woran liegt das?

b) Findet in Kleingruppen Lösungsmöglichkeiten zur Verbesserung der Stimmung in der Klasse.

Meinungen und Anliegen darlegen

Meinungen äußern und begründen

1 Hier siehst du Lisa. Seit Wochen geht es ihr nicht besonders gut ...

Tipp
Mobbing:
ständiges gezieltes Ausgrenzen und Hänseln einer bestimmten Person über einen längeren Zeitraum hinweg

a) Beschreibe, was auf dem Bild zu sehen ist.

b) Schreibe in der „Ich-Form“ mögliche Gedanken und Gefühle von Lisa auf.

2 Stell dir vor, dass du diese Szene beobachtet hast. Du traust dich zunächst nicht einzugreifen, möchtest Lisa aber helfen. Finde verschiedene Möglichkeiten, wie du Lisa helfen könntest.

START
– Ich mische mich ein und rede mit den Mitschülern.
– ...

3 Schreibe Lisa einen „Mutmachbrief“, in dem du ihr Tipps gibst, wie sie sich wehren könnte.

START *Liebe Lisa, ich an deiner Stelle würde mit meinem Vertrauenslehrer über diesen Vorfall reden …*

4 Du steckst Lisa den Brief zu. In der Pause spricht sie dich an.

a) Schreibt in Partnerarbeit das mögliche Pausengespräch auf. Achte bei der wörtlichen Rede auf die richtige Zeichensetzung.

b) In dem Gespräch fängt Lisa plötzlich an zu weinen und erzählt von dem Teufelskreis, in dem sie sich befindet. Schreibe mit Hilfe der Stichworte einen Text über Lisas Probleme.

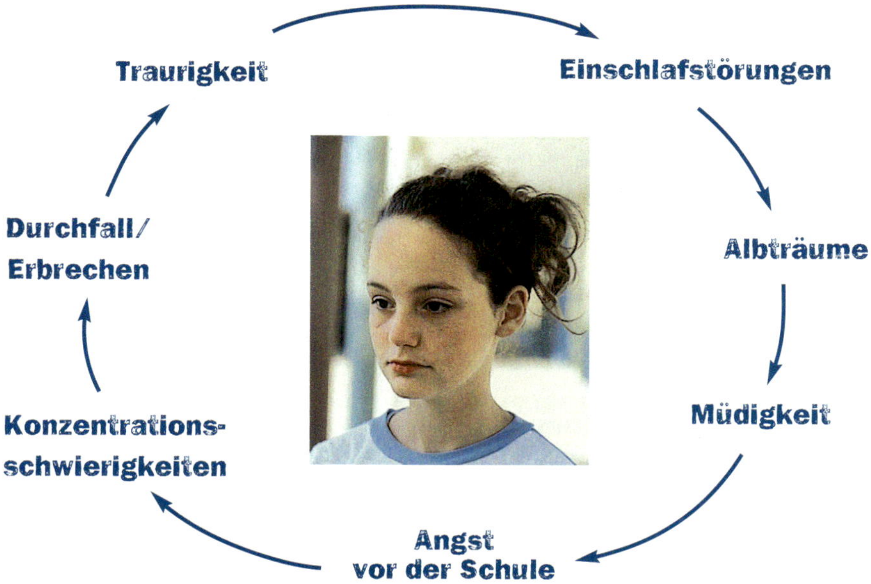

c) Tauscht eure Texte aus. Was ist gelungen, was kann verbessert werden? Überarbeitet gemeinsam.

Merke!

Zeichensetzung bei der wörtlichen Rede:

„…!“, rief Lisa.
„…“, meinte Lisa.

Lisa rief: „…!“
Lisa meinte: „….“

„…“, meinte Lisa, „….“

Texte überarbeiten
▶ **S. 102 ff.**

Anliegen schriftlich äußern

Einen Flyer entwerfen

1 Lies die Bausteine für einen Flyer in der rechten Spalte. Worum geht es?

Überschrift/ Aufmacher

Kurzer Infotext

Fragestellung

Aufruf

Herausgeber/ Verantwortlicher

Experten zufolge werden rund 40 % aller Kinder mindestens einmal in ihrem Schulleben gemobbt. Die Folgen sind Schulangst, Bauchschmerzen, Einschlafstörungen, Konzentrationsschwierigkeiten, Alpträume bis hin zu Selbstmordgedanken.

Mach mit bei unserer Anti-Mobbing-Aktion:
- **Schau nicht weg, wenn andere gemobbt werden.**
- **Greif ein, wenn ...**

Heute schon gemobbt?

Soll das ewig so weitergehen?
Sollten wir uns nicht dagegen wehren?

Klasse 6 a der Hauptschule Scheßlitz

Tipp
Flyer:
Flugblatt, das kostenlos verteilt wird und Informationen zu aktuellen Anlässen liefert

Tipp
Zur Gestaltung eines guten Flyers gehören:
- farbiges Papier
- verschiedene Schriftarten/ Schriftgrößen
- Grafiken
- Karikaturen
- Bilder/Fotos

2 Ordne die Bausteine der rechten Seite dem Aufbau eines Flyers in der linken Spalte zu.

3 Formuliert weitere Aufrufmöglichkeiten.

START
- *Mach mit bei unserer Anti-Mobbing-Aktion!*
- *Schau nicht weg, wenn andere gemobbt werden!*
- *Greif ein, wenn ...*

4 Gestaltet in der Gruppe einen Flyer zu diesem Thema.

Einen sachlichen Brief schreiben

Die Klasse 6 a möchte ihren Flyer in der Schule verteilen und bittet die Rektorin um Erlaubnis. Sie stellen einen schriftlichen Antrag:

Klasse 6 a
der HS Scheßlitz

Scheßlitz, den ...

An das
Rektorat der HS Scheßlitz

Genehmigung zur Verteilung eines Flyers

Sehr geehrte Frau ...,

wir haben festgestellt, dass Mobbing auch an unserer Schule leider weit verbreitet ist.
Deshalb haben wir ...
Wir bitten Sie ...
Es wäre schön, wenn Sie ...

Mit freundlichen Grüßen

NELE LOCHNER Anton Buchsteiner

Klassensprecher der 6a

1 Beschreibe, wie ein sachlicher Brief aufgebaut sein muss. Die folgenden Fachbegriffe helfen dir dabei.

Datum | eigentlicher Brieftext | Unterschrift | Adresse
Anredeformel | Grußformel | Absender | Betreff

2 Vervollständige diesen Brief. Verwende ein weißes DIN-A4-Blatt und, wenn möglich, den PC.

Merke!
Die **Anredepronomen** Sie, Ihnen, Ihr schreibt man groß.

3 Lies den folgenden Brief. Welches Anliegen hat die Klasse 6a?

```
Dr. Stänker                                  2004-11-29
Streitstraße 2
12345 Hänselberg


Grüß Gott Herr Stänker!
Hilfe, wir brauchen Sie! Wir wollen ein
Projekt zum Thema Mobbing machen, um alle
aufzuklären. Denn so wie jetzt kann es an
unserer Schule nicht weitergehen.
Bitte kommen Sie!

Servus,
Ihre Klasse 6a
```

Achtung Fehler

4 a) Versetze dich in die Situation von Herrn Dr. Stänker. Wie würdest du auf diesen Brief reagieren?

b) Liste alle Formfehler des Briefes auf.

START

– Absender fehlt
– ...

5 a) Diskutiert, warum offizielle Briefe eine bestimmte Form haben sollten.

b) Stellt einige Briefe in der Klasse vor. Überprüft, ob sie angemessen formuliert sind.

c) Entwirf einen Brief an Dr. Stänker, bei dem Form und Inhalt einem offiziellen Brief entsprechen.

Eine Wandzeitung gestalten

1 Beschreibe, wie die Wandzeitung aufgebaut ist.

Tipp

Materialliste für eine Wandzeitung:

- farbiges Tonpapier
- Schere
- Kleber
- Bilder/Fotos

2 Welche Merkmale sollte eine informative und wirkungsvolle Wandzeitung besitzen?

3 Vervollständigt die kleinen Plakate der Wandzeitung. Verwendet Stichpunkte.

Anliegen schriftlich äußern

1 Für welche der folgenden Anliegen eignet sich deiner Meinung nach ein Flyer besser und für welche ein Brief? Begründe deine Wahl.

- Antrag auf Einrichtung einer Fußgängerampel vor der Schule
- Aufruf zur Verschönerung des Schulhofs
- Aufruf zum Sammeln von Sachspenden für einen Jugendclub
- Antrag auf Installation eines Klettergerüstes auf dem Schulhof

2 Welche der folgenden Merkmale gehören zu einem Flyer und welche zu einem sachlichen Brief?
Übernimm die Übersicht in dein Heft und ordne richtig zu.

Aufruf **Grußformel** **Herausgeber/Verantwortliche** **Brieftext** **Fragestellung** **Anredeformel** **Absender** **Infotext** **Adresse** **Unterschrift** **Aufmacher/Überschrift** **Datum** **Betreff**

Flyer	sachlicher Brief
...	...

3 Entwerft einen Flyer, in dem ihr eure Mitschülerinnen und Mitschüler zum Sammeln von Sachspenden für einen Jugendclub aufruft:

- Macht euch zunächst Notizen zum Inhalt des Flyers, vor allem für den Infotext.
- Formuliert einen ansprechenden Aufmacher und überlegt eine geeignete Fragestellung.
- Überlegt, wie ihr den Flyer gestalten könnt, damit er Aufmerksamkeit erregt.

+ **Wiederholen und vertiefen** +++ **Wiederholen und vertiefen** +

4 a) Nenne die Adressaten des folgenden Flyers.

b) Welches Anliegen hat der Flyer? Wähle die richtige Antwort aus und begründe deine Entscheidung mit ausgewählten Textstellen.

A Der Flyer informiert über die Gestaltung des Schulhofs.
B Der Flyer ruft die Schülerinnen und Schüler auf, sich mit ihrer Unterschrift für neue Sportgeräte auf dem Schulhof einzusetzen.
C Der Flyer ruft die Schülerinnen und Schüler auf, sich für eine Umgestaltung des Schulhofs einzusetzen.

Lieber Klettern als quatschen?

Seid ihr auch der Meinung, dass unser Schulhof zu wenig Spiel- und Bewegungsmöglichkeiten bietet, um sich in der Pause mal so richtig auszutoben?

Experten zufolge wirkt sich Bewegung nämlich positiv auf das Lernen aus. Kinder und Jugendliche, die sich viel bewegen und klettern, schneiden im Unterricht wesentlich besser ab als diejenigen, die ihre freie Zeit vor dem Fernsehgerät oder dem Computer verbringen.

Wenn das für euch Grund genug ist, euch für einen Basketballkorb und eine Kletterspinne auf unserem Schulhof einzusetzen, dann unterschreibt bis zum 10. November auf den ausgehängten Listen.

Die Schulsprecher der Hauptschule Scheßlitz

5 Formuliere einen Brief an die Rektorin/den Rektor eurer Schule, in dem du sie/ihn im Namen deiner Mitschülerinnen und Mitschüler bittest, einen Basketballkorb und eine Kletterspinne auf dem Schulhof aufzustellen.
Denke an die Merkmale eines sachlichen Briefes (vgl. auch Aufgabe 2, S. 22). Die Formulierungen in der Wortliste können dir helfen.

Wie Sie aus der angehängten Liste ersehen können, ...
Experten zufolge ...
Wir bitten Sie deshalb ...

Erzählen

Eine Erzählung untersuchen

1 a) Schau dir das Bild im Text an. Was ist darauf dargestellt?

b) Worum könnte es in der Geschichte gehen?

2 Lies die Geschichte „Eine mächtige Liebe“ von Christine Nöstlinger.

Merke!

Christine Nöstlinger wurde 1936 in Wien geboren und wuchs dort in einer Vorstadt auf. Seit 1970 schreibt sie Kinder- und Jugendbücher. 1984 erhielt sie für ihr Werk die Hans-Christian-Andersen-Medaille.

Christine Nöstlinger

Eine mächtige Liebe

Kitti und ihre Eltern wohnten im ersten Stock. Im zweiten Stock wohnten Michl und seine Eltern. Die Wohnung im dritten Stock stand leer. Sie gehörte der „Frau General“. Die war im Pflegeheim und der Mann, dem das Haus gehörte, wartete ungeduldig darauf, dass die Frau General endlich starb, weil er die Wohnung vorher an niemand anderen vermieten durfte.

Bevor die Frau General ins Pflegeheim gegangen war, hatte sie alle Blumentöpfe auf den Gang vor die Wohnungstür gestellt: den Philodendron, die Zimmerlinde, den Gummibaum, den Christusdorn und eine Menge anderer grüner Stauden. Kitti und Michl hatten der Frau General versprochen, die Blumen zu hüten. […]

Kitti und Michl nannten den Gang im dritten Stock: unseren Urwald. Sie waren gern dort. Nicht nur zum Blumengießen. Michl hatte eine blaue Luftmatratze in den Urwald gebracht. Kitti hatte eine rote Decke und zwei gelbe Kissen hinaufgetragen. Im Sommer lag die Decke auf der Luftmatratze und die Kissen – hübsch ordentlich mit eingeknickten Oberkanten – lehnten am Ende der Matratze, dort, wo sie an die Mauer stieß. Im Winter bauten Kitti und Michl aus der Decke ein Zelt. Die Luftmatratze und die Kissen waren dann im Zelt drinnen.

Man musste genau hinschauen, um das Zelt überhaupt zu bemerken. Es war fast verdeckt von den dunklen Philodendronblättern und den hellen Zimmerlindenblättern und den gestreiften Wasserlilienblättern und den gesprenkelten Gummibaumblättern.

Die Eltern von Kitti und Michl lachten über den Urwald. Sie sagten: „Die zwei lieben sich mächtig! Ein Urwald ist zum Mächtiglieben gerade richtig!"

Und ein bisschen ärgerten sie sich auch über den Urwald. Sie sagten: „Da richtet man den Kindern für teures Geld herrliche Kinderzimmer ein und dann hocken sie dauernd auf dem zugigen Gang herum!"

Wenn Kitti im Winter Schnupfen hatte, schimpfte die Mutter: „Das kommt davon, weil du dauernd da oben bist!"

Aber in Wirklichkeit waren Kitti und Michl gar nicht „dauernd" im Urwald. Sie gingen ja in die Schule, sie schliefen in den Kinderzimmerbetten und schwimmen und Eis laufen und ins Kino gingen sie auch. Und wenn im Fernsehen ein hübscher Film war, dann schauten sie den bei Michls Eltern oder bei Kittis Eltern im Wohnzimmer an. Eins allerdings stimmte – wenn Michl oder Kitti sagten: „Wir gehen jetzt nach Hause", dann meinten sie das sechs Quadratmeter große Stück Gang vor der Tür der Frau General.

Als Kitti und Michl den Urwald drei Jahre lang hatten, ließen sich Kittis Eltern scheiden. Kittis Vater zog aus. Er nahm zwei voll gepackte Koffer mit, den ledernen Fernsehstuhl, den Schreibtisch und vier Kisten Bücher.

Während die Möbelpacker den Kram die Treppen runterschleppten, waren Kitti und Michl im Urwald oben. Im Zelt. Denn es war Winter. Michl fragte Kitti, ob sie nun sehr traurig sei. Kitti sagte: „Nein, er hat sich in eine blonde Dame verliebt, ohne die kann er nicht mehr sein. Außerdem war er ohnehin fast nie mehr da. Und jeden Sonntag, hat er gesagt, wird er mich abholen. Da seh ich ihn dann länger als bisher!"

Der Vater holte Kitti wirklich jeden Sonntag ab. Und er brachte ihr immer ein teures Geschenk mit. Kitti trug alle Geschenke in den Urwald. Sie wünschte sich von ihrem Vater nur Dinge, die im Urwald zu brauchen waren: einen Rekorder, eine zweite Decke, einen winzigen Tisch, eine riesige Taschenlampe, einen kleinen Teppich und einen großen Besen samt Schaufel. Und zu Weihnachten schenkte ihr der Vater einen Fernsehapparat, der mit Batterien betrieben war. Im Urwald gab es ja keine Steckdose.

3 a) Was bedeutet der Urwald für Kitti und Michl?

b) Wie sehen die Eltern von Kitti und Michl den Urwald ihrer Kinder?

c) Wozu braucht man einen Lieblingsplatz? Wie sollte dein Lieblingsplatz aussehen? Tauscht euch dazu in Gruppen aus.

4 Was bedeutet für Kitti der Auszug ihres Vaters? Lies die Textstelle ab Zeile 51 noch einmal genau.

Tipp

Überlege:
- Wie fühlt sich Kitti beim Auszug des Vaters?
- Welche Gedanken gehen ihr durch den Kopf?
- Wie findet sie ihr Leben mit einem „Wochenend-Vater"?

5 Lies noch einmal den Anfang der Erzählung. Aus wessen Sicht wird die Geschichte von Kitti und Michl erzählt?
- Aus der Sicht eines Erzählers?
- Aus der Sicht Kittis?
- Aus der Sicht Michls?

Begründe deine Ansicht.

6 Erzähle den Auszug des Vaters aus der Sicht Kittis genauer, z. B. in der Form eines Tagebucheintrags.

START **Liebes Tagebuch,**
heute war es nun so weit, Papi ist ausgezogen.

Eine Erzählung ergänzen

1 Lies nun die Fortsetzung der Erzählung.

[…] Sie blieben jetzt oft ziemlich lange im Urwald oben. Weil sie den eigenen Fernseher hatten und den kleinen Tisch zum Essen und Licht aus der großen Taschenlampe. Und weil Kittis Mutter fast jeden Abend Besuch hatte. Otto hieß der Besuch. Früher hatte Kittis Mutter darauf bestanden, dass Kitti um neunzehn Uhr – pünktlich – aus dem Urwald herunterkam. Seit der Otto zu Besuch kam, meinte sie: „Wenn es dir Spaß macht, kannst du länger bleiben. So klein bist du ja nicht mehr!" Und zum Otto sagte sie: „Weißt du, die Kitti und der Michl lieben sich nämlich mächtig!" Michl fragte Kitti: „Sag, magst du den Otto eigentlich gut leiden?" Kitti antwortete: „Ich weiß nicht. Aber die Mama mag ihn sehr. Darauf kommt es schließlich an!"

Zu Kittis elftem Geburtstag bekam sie von ihrem Vater eine Haushaltsleiter. Die brauchten Kitti und Michl dringend, um den Urwald abzustauben. […] Michl schenkte Kitti eine selbst gebackene Torte mit zwölf Kerzen; eine kleine für jedes Lebensjahr und eine große, die war das Lebenslicht.

Am Geburtstagsabend saßen Michl und Kitti im Zelt im Urwald. Sie hatten eine Spitzendecke über den winzigen Tisch gebreitet, darauf stand die Torte und alle zwölf Kerzen brannten. Michl und Kitti aßen die halbe Torte auf. Die andere Hälfte wollte Michl in den Eisschrank seiner Mutter stellen, damit sie morgen am Abend weiteressen könnten. Doch Kitti sagte: „Michl, ich bring die Torte dem Otto runter. Der freut sich über was Süßes. Und die Mama freut sich, wenn sich Otto freut!"

„Meine Mutter glaubt", sagte Michl, „dass deine Mutter demnächst den Otto heiraten wird!"

„Ja, das glaube ich auch", sagte Kitti. „Sie hat ihn sehr gern. Sie will nicht, dass er am Abend weggeht, und sie hätte ihn auch gern beim Frühstück neben sich. Und wenn er

einen Tag gar nicht kommt, dann ist sie traurig. Also wird es besser sein, wenn sie heiraten!“

Später dann – so gegen neun Uhr – kam Kitti mit der halben Torte ins Wohnzimmer ihrer Mutter. Der Otto freute sich über die Torte. Und die Mutter freute sich, weil sich der Otto freute. Der Otto holte eine Flasche Sekt aus dem Eisschrank und ließ den Stöpsel knallend aus der Flasche sausen und füllte drei Gläser. Das für Kitti nur halb. Kitti stieß mit Otto und der Mutter auf eine glückliche Zukunft an.

„Weil wir schon bei der Zukunft sind“, sagte die Mutter, „da will ich gleich etwas mit dir besprechen!“ Und dann erklärte sie Kitti, dass der Otto gern Kittis neuer Vater werden wolle und dass sie sich schrecklich freuen würde, wenn Kitti nichts dagegen einzuwenden habe.

Die Mutter küsste Kitti und der Otto lächelte ihr zu. Und dann sagte Kittis Mutter: „Und jetzt kommt noch eine Überraschung, Kind!“ Die Überraschung war: Der Otto bekam ab nächstem Ersten einen besseren Posten in seiner Firma. Da verdiente er dann doppelt so viel wie vorher. Und die Firma stellte ihm auch eine Wohnung zur Verfügung. Eine riesige Wohnung. Den ganzen ersten Stock einer schönen Villa.

„Und nun rate mal, wo die Villa steht, Kind“, rief die Mutter und ihre Augen glänzten und glitzerten wie gläserne Christbaumkugeln.

Kitti wollte nicht raten.

„In Salzburg steht die Villa!“, rief die Mutter. „Im wunderschönen Salzburg! In meiner Lieblingsstadt! Wir übersiedeln nämlich nach Salzburg!“

Tipp

Geht bei eurem **Rollenspiel** folgendermaßen vor:

- Überlegt zunächst in Gruppen, wie die Personen reagieren könnten.
- Verteilt die Rollen, z.B. Mutter, Otto und Kitti.
- Überlegt, mit welchen Gefühlen die Personen sprechen könnten, z.B. ärgerlich, wütend, erfreut, ängstlich, gleichgültig, ...
- Setzt passende Mimik (Gesichtsausdruck) und Gestik (Körperbewegung) ein.

2 In Kittis Leben verändert sich einiges. Fasse mündlich zusammen, was in diesem Textausschnitt passiert.

3 Wie könnte Kitti auf die Pläne von Otto und ihrer Mutter, nach Salzburg zu ziehen, reagieren?
Probiert verschiedene Möglichkeiten in einem Rollenspiel aus.

Die Fortsetzung einer Erzählung planen

1 Notiert in einem Cluster, wie die Geschichte weitergehen könnte. Überlegt euch verschiedene Möglichkeiten.

2 a) Entscheide dich anhand eures Clusters, wie du die Geschichte fortsetzen möchtest.

b) Übertrage den roten Faden in dein Heft und ordne deine Stichpunkte aus dem Cluster so, dass eine sinnvolle Fortsetzung der Geschichte entsteht.

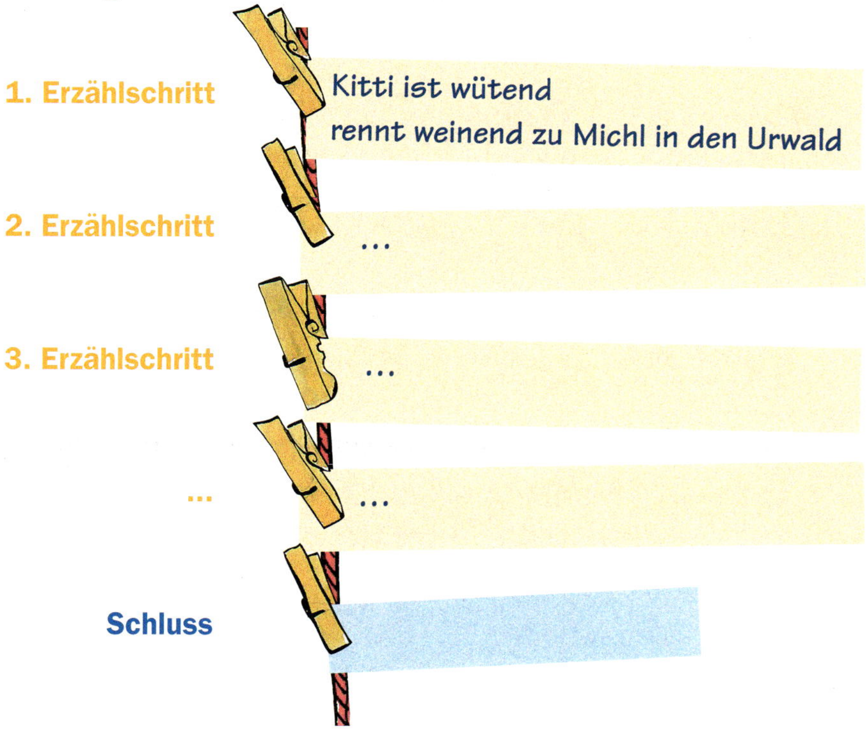

Tipp

Du kannst auch den roten Faden auf ein DIN-A3-Blatt malen. Schreibe die Stichpunkte auf kleine Kärtchen und ordne sie entlang dem roten Faden. Wenn du mit der Anordnung zufrieden bist, klebe die Kärtchen auf.

Die wörtliche Rede verwenden

Merke!

Zeichensetzung bei der wörtlichen Rede:

„…!“, rief Kitti.
„…“, meinte Kitti.

Kitti rief: „…!“
Kitti meinte: „… .“

„…“, meinte Kitti, „… .“

Zeichensetzung bei wörtlicher Rede ▶ S. 142 f.

1 Der Umzug nach Salzburg beschäftigt Kitti sehr. Sie versucht ihre Mutter zu überzeugen, doch nicht nach Salzburg zu ziehen. Schreibe ein mögliches Gespräch zwischen Kitti und ihrer Mutter in wörtlicher Rede auf. Denke an die richtige Zeichensetzung.

START
Kitti: „Aber ich möchte nicht nach Salzburg, ich habe doch alle meine Freunde hier, vor allem den Michl.“
Mutter: „Du wirst auch in Salzburg Freunde finden.“
Kitti: …

2 Kitti spricht auch mit anderen über den Umzug nach Salzburg. Überlegt in Partnerarbeit, wie sich die Gespräche zwischen Kitti und Michl und zwischen Kitti und ihrem Vater entwickeln könnten. Schreibt die Gespräche auf.

Merke!

Vermeide in den **Redebegleitsätzen** die Wiederholung des Wörtchens „sagen“. Ersetze es z. B. durch *wimmern, schimpfen, trösten, rufen, beruhigen, erklären, bestätigen, widersprechen.*

3 Schreibe den folgenden Text ab und setze die Zeichen der wörtlichen Rede.

Das Schlimmste ist, seufzte Kitti, dass ich meinen Vater nicht mehr so oft sehe. Du weißt ja nicht, wie schön Salzburg ist, munterte die Mutter ihre Tochter auf. Du kannst ja in den Ferien zu deinem Vater fahren und Michl besuchen.

4 Wähle eines der Gespräche von Aufgabe 1 oder 2 aus und schreibe einen Text, in den du Redebegleitsätze einfügst. Denke an die richtige Zeichensetzung.

START
„Aber ich möchte nicht nach Salzburg“, jammerte Kitti, „ich habe doch alle meine Freunde hier.“ …

Die richtige Zeitform verwenden

1 Die meisten Erzählungen stehen im Präteritum.

a) Setze die folgenden Verben ins Präteritum. Schreibe sie zusammen mit einem Personalpronomen auf.

umziehen einpacken weggehen verstecken

mitnehmen tragen träumen schimpfen

rennen versprechen jammern weinen

trösten freuen verlassen

START *sie zogen um, ...*

b) Bilde zu jedem Verb im Präteritum einen Satz mit den handelnden Personen.

START *Am letzten Tag vor den großen Ferien zogen Kitti, ihre Mutter und Otto nach Salzburg um.*

2 a) Ergänze die Verben in Klammern im Präteritum und übertrage den vollständigen Text in dein Heft.

Als Kitti und Michl am letzten Schultag vor den großen Ferien von der Schule ______ (zurückkommen), ______ (stehen) schon die Möbelwagen vor der Tür. Kitti und Michl ______ (schleichen) sich an den Möbelpackern vorbei und ______ (huschen) leise die Treppe hinauf zu ihrem Urwald. Sie ______ (wollen) sich nur noch verkriechen. Im Urwald ______ (kuscheln) sie sich in ihre Polster und ______ (überlegen), wie sie Kittis Umzug nach Salzburg doch noch verhindern könnten ...

b) Schreibe eine Fortsetzung des Textes. Denke daran, die Verben im Präteritum zu verwenden.

Merke!

Die meisten Geschichten werden im **Präteritum** (Vergangenheitsform) erzählt.

Präteritum
▶ S. 163

Eigenschaften und Gefühle anschaulich ausdrücken

1 Durch die gezielte Verwendung von Adjektiven wird das Erzählte für den Leser anschaulicher.

a) Sucht zu jedem der folgenden Nomen mehrere passende Adjektive. Die Wörter aus der Wortliste können euch helfen.

Urwald **Möbelpacker** **Teppich** **Decke**

Philodendronblätter **Bücherkisten** **Treppe** **Wohnung**

Adjektive
▶ **S. 170 f.**

b) Setze in den folgenden Text passende Adjektive ein, damit sich der Leser ein besseres Bild von der Situation machen kann. Übertrage anschließend den erweiterten Text in dein Heft.

Kitti und Michl saßen zum letzten Mal vor dem Umzug in ihrem Urwald. Kitti setzte sich auf den Teppich unter die Philodendronblätter und wickelte sich in eine Decke. Durch das Treppengeländer hindurch beobachteten sie die Möbelpacker, die mit Leichtigkeit die Bücherkisten die Treppe hinuntertrugen. Dann kamen die Möbel: Kittis Bett, Kittis Schreibtisch, Kittis Kleiderschrank. Und mit jedem Stück, das die Möbelpacker hinaustrugen, wurde Kitti ein Stück trauriger. Als alles im Möbelwagen war, schlichen sich Kitti und Michl in die Wohnung zurück.

steil
einfarbig
ledern
kuschelig
kariert
lindgrün
hölzern
hellgrün
dunkel
gestreift
gesprenkelt
dunkelbraun
leer
niedrig
kahl
schwer
leicht
sperrig
kräftig
stark
eifrig
ruhig
gemütlich
kuschelig

2 Zusammengesetzte Adjektive verstärken das Erzählte.

a) Welche Adjektive kannst du aus den folgenden Nomen und Adjektiven zusammensetzen? Schreibe sie in dein Heft.

Kreide	*elend*
Hunde	*rund*
Pfeil	*klar*
Kugel	*bleich*
Glas	*schnell*

b) Suche zu jedem der folgenden Adjektive ein passendes Nomen. Schreibe die zusammengesetzten Adjektive auf.

glatt *hoch* *weich* *sauber* *schwarz*

3 a) Gefühle lassen sich auch durch Vergleiche und Umschreibungen anschaulicher darstellen. Welche Gefühle drücken die folgenden Vergleiche und Umschreibungen aus?

Kitti schlotterten die Knie.

Kitti war wie gelähmt.

Michl blieb fast das Herz stehen.

Kitti lief es eiskalt den Rücken herunter.

Der Mutter hüpfte das Herz.

Michl platzte fast.

Kitti hatte schweißnasse Hände.

Die Mutter wusste nicht, wo ihr der Kopf stand.

b) Sucht in Partnerarbeit weitere Vergleiche und Umschreibungen der Gefühle und schreibt sie auf.

4 Schreibe nun eine mögliche Fortsetzung der Geschichte von Kitti und Michl.

- Denke an die richtige Erzählzeit.
- Verwende wörtliche Rede, um deine Geschichte lebendiger zu machen.
- Nutze Adjektive, Vergleiche und Umschreibungen, um deine Geschichte anschaulicher zu gestalten.

Merke!

Adjektive werden kleingeschrieben.

Tipp

Überarbeitet eure Geschichten mit Hilfe der **Textlupe**. Wie ihr dabei vorgeht, erfahrt ihr auf den Seiten 104 ff.

Personen und Orte beschreiben

1 a) Lest die Überschrift des folgenden Textes. Stellt gemeinsam Vermutungen an, worum es in dem Text gehen könnte.

b) Lest nun den Text von Joana Hessel.

Joana Hessel
Elfenspuren

Es war Frühling. Ich streifte wie so oft allein durch die verzauberten Wälder am Rande unseres Dorfes. Ich betrachtete die hohen Bäume, die kleinen Blumen und all das Getier, das zwischen den Sträuchern hindurchwuselte. Ich war auf dem Weg zu meinem Lieblingsplatz, einem kleinen Stück Wiese, das von Dornensträuchern umgeben war. In der Mitte stand eine alte knorrige Eiche mit einem dichten Blätterdach, das schützend über einen Fels ragte, der mir oft als Sitzplatz diente. Auf einmal entdeckte ich ein kleines Wesen. Es konnte kein normales Waldtier sein, dafür war es zu flink. Außerdem lief es auf zwei Beinen und hatte eine lila Mütze auf. […]
Ich folgte ihm etwa eine halbe Stunde quer durch den Wald, doch auf einmal blieb es stehen und drehte sich um. Gerade noch rechtzeitig konnte ich hinter einem Baum verschwinden, behielt das Wesen aber im Blick und musste mir ein Grinsen verkneifen wegen seiner sonderbaren Erscheinung. Es trug ein grünes Oberteil, das so lang war, dass man nur noch eine Ecke der gelben kurzen Hose sah, die es darunter anhatte. Außerdem lugten unter der Mütze lange, braune Haare heraus, die in alle Richtungen abstanden. An den Füßen befanden sich lange blaue Socken mit gelben Streifen, die es bis zu den Knien hochgezogen hatte. Aus dem ganzen Gewirr von Haaren schauten lange, spitze Ohren hervor.

Merke!

Joana Hessel wurde 1990 geboren und lebt mit ihren Eltern und ihrem jüngeren Bruder in der Nähe von Koblenz. „Elfenspuren" ist ihr erstes Buch, das sie im Alter von zwölf Jahren zu schreiben begonnen hat.

2 a) Die Geschichte wird aus der Sicht eines Mädchens erzählt, das Jelenka heißt. Was erlebt Jelenka im Wald?

b) Wie wird das seltsame Wesen, das Jelenka im Wald trifft, beschrieben?

3 Bei dem seltsamen Wesen, das Jelenka trifft, handelt es sich um einen Gnom. Im weiteren Verlauf der Erzählung trifft sie auch noch auf eine Waldelfe.

a) Wie stellst du dir Gnome und Elfen vor? Übertrage die folgenden Cluster in dein Heft und ergänze sie.

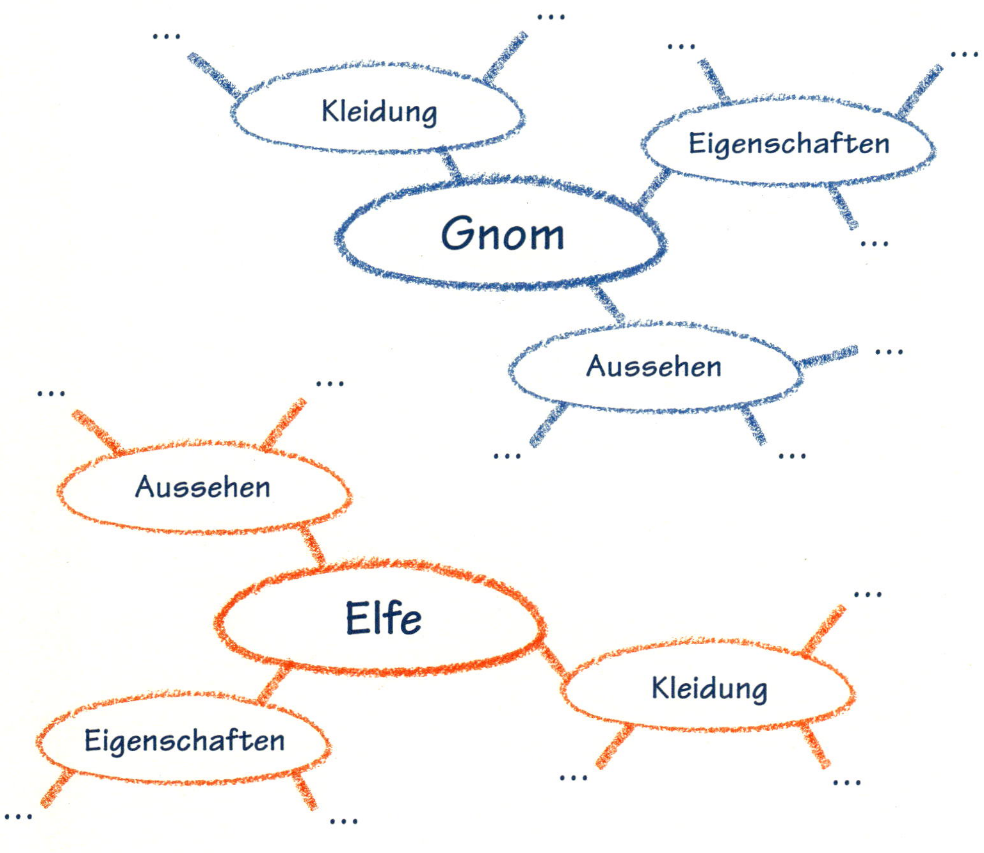

b) Elfen und Gnome haben oft seltsame Namen. Denke dir passende Namen aus.

4 An welchen weiteren Orten könnte die Geschichte spielen? Notiere mögliche Orte und beschreibe sie mit Hilfe von Adjektiven genauer.

+++ Wiederholen und vertiefen +++ Wiederholen und vertiefen +++

Im Präteritum schreiben

Präteritum
▶ S. 163

1 Übertrage die Fortsetzung der Geschichte „Elfenspuren" in dein Heft. Setze die Verben in Klammern in der richtigen Form im Präteritum ein.

Plötzlich ___ (tippen) mir jemand von hinten auf die Schulter. Wie der Blitz ___ ich ___ (herumfahren) und ___ (starren) einem hoch gewachsenen Mädchen ins Gesicht. Sie ___ (sein) wahrscheinlich genauso erschrocken wie ich, denn sie ___ (weichen) einen Schritt zurück. Wir ___ (schauen) uns einen Augenblick an. Ich ___ (mustern) sie von oben bis unten. Ihr Aussehen ___ (ist) wirklich ungewöhnlich: In einem kurzen, engen, grünen Kleid ___ (steht) sie vor mir. Dazu ___ (trägt) sie lilafarbene Leggings und hohe braune Stiefel.

2 Elfen und Gnome verhalten und bewegen sich auf besondere Weise:

huschen, rennen, mustern, hüpfen, schlüpfen, zwinkern, starren, entdecken, schleichen, flüstern, …

a) Suche weitere Verben, die das Verhalten von Elfen und Gnomen wiedergeben könnten, und schreibe sie in dein Heft.

b) Setze diese Verben ins Präteritum. Verwende dabei die dritte Person Einzahl.

START **er huschte, sie rannte, …**

c) Bilde mit jedem Verb einen Satz.

START **Der Gnom huschte, flink wie ein Wiesel, zwischen Wurzeln und umgefallenen Baumstämmen herum.**

d) Schreibe einen kurzen Text über eine erste Begegnung mit einem Gnom oder einer Elfe. Du kannst deine Sätze aus Aufgabe 2 c) verwenden.

Tipp
Bilde Wortfelder zu den Verben „sagen", „laufen", „reden" und „schauen".

Die wörtliche Rede verwenden

1 Stell dir vor, du begegnest einem Gnom oder einer Elfe. Natürlich bist du sehr neugierig, aber sicher auch etwas erschrocken.

a) Wie läuft euer erstes Gespräch ab? Notiere Fragen, die du dem Gnom oder der Elfe stellen würdest.

b) Was könnte der Gnom oder die Elfe antworten? Schreibe die Antworten auf.

2 Verfasse ein kurzes Gespräch mit einem Gnom oder einer Elfe. Achte darauf, dass du als Redebegleitwort nicht nur „sagen“ verwendest. Die Wörter in der Wortliste helfen dir.

START **„Wo kommst du denn so plötzlich her?“, fragte ich ihn. „Ich habe dich hier noch nie gesehen.“ „Du hast mich zwar bisher noch nicht gesehen“, entgegnete der Gnom, „aber ich beobachte dich schon seit einiger Zeit.“ ...**

stammeln
stottern
grinsen
auffordern
fragen
sich erkundigen
sich wundern
antworten
entgegnen
widersprechen
bestätigen

3 Schreibe nun selbst eine Geschichte über die Begegnung mit einem seltsamen Wesen.
Entscheide dich, ob du die Geschichte fortsetzen möchtest oder ob du lieber eine neue Erzählung schreiben willst.

- Denke an die richtige Erzählzeit.
- Beschreibe Personen und Orte anschaulich.
- Verwende die wörtliche Rede.

Schwänke und Sagen

Einen Schwank erschließen

Merke!

Schwank: kurze, scherzhafte Erzählung über einen Streich oder ein lustiges Ereignis

Tipp

— = wörtliche Rede von Eulenspiegel

— = wörtliche Rede des Bäckers

Merke!

Till Eulenspiegel lebte wahrscheinlich im 14. Jahrhundert. Er nahm viele Dinge wörtlich und brachte damit die Menschen zum Lachen.

Wie Eulenspiegel sich zu Braunschweig als Bäckergeselle verdingte und wie er Eulen und Meerkatzen buk

Als Eulenspiegel nach Braunschweig zu der Bäckerherberge kam, da wohnte ein Bäcker nahe dabei. Der rief ihn in sein Haus und fragte ihn, was er für ein Geselle sei. Er sprach: „Ich bin ein Bäckergeselle." Der Brotbäcker sprach: „Ich habe eben keinen Gesellen. Willst du mir dienen?" Eulenspiegel sagte: „Ja." Als er nun zwei Tage bei ihm gewesen war, hieß ihn der Bäcker, am Abend zu backen; denn er konnte ihm bis zum Morgen nicht helfen. Eulenspiegel sprach: „Ja, was soll ich denn backen?" Der Bäcker war ein scharfzüngiger Mann, er wurde zornig und sprach spottend: „Bist du ein Bäckergeselle und fragst erst, was du backen sollst? Was pflegt man denn zu backen? Eulen oder Meerkatzen!" Und damit legte er sich schlafen. Da ging Eulenspiegel in die Backstube und formte den Teig zu nichts als Eulen und Meerkatzen, die ganze Backstube voll, und buk sie.

Der Meister stand des Morgens auf und wollte ihm helfen. Und als er in die Backstube kam, fand er weder Wecken noch Semmeln, sondern lauter Eulen und Meerkatzen. Da wurde der Meister zornig und sprach: „Dass du das jähe Fieber kriegst! Was hast du da gebacken?" Eulenspiegel sprach: „Was Ihr mich geheißen habt: Eulen und Meerkatzen." Der Bäcker sprach: „Was soll ich nun mit diesem Narrenzeug tun? Solches Brot ist mir zu nichts nütze. Ich kann es nicht zu Geld machen." Und er packte Eulenspiegel beim Kragen und sprach: „Bezahl mir meinen Teig!" Eulenspiegel sprach: „Ja, wenn ich euch den Teig bezahle, soll dann die Ware mein sein, die davon gebacken ist?" Der Meister sprach: „Was frage ich nach solcher Ware? Eulen und Meerkatzen kann ich nicht für meinen Laden gebrauchen."

Also bezahlte Eulenspiegel dem Bäcker seinen Teig und nahm die gebackenen Eulen und Meerkatzen in einen Korb und trug sie aus dem Haus in die Herberge „Zum wilden Mann". Und Eulenspiegel dachte bei sich selbst: „Du hast oft gehört, man könnte keine so

seltsamen Dinge nach Braunschweig bringen, dass man nicht Geld daraus löste." Und es war am Vortage des St.-Nikolaus-Abends. Da stellte sich Eulenspiegel mit seiner Ware vor die Kirche, verkaufte alle Eulen und Meerkatzen und löste viel mehr Geld daraus, als er dem Bäcker für den Teig gegeben hatte.
Das wurde dem Bäcker kundgetan. Den verdross das sehr, und er lief vor die St.-Nikolaus-Kirche und wollte von Eulenspiegel auch die Kosten für das Holz und für das Backen verlangen. Aber da war Eulenspiegel schon hinweg mit dem Geld und der Bäcker hatte das Nachsehen.

1 a) Suche die Wörter und Wendungen aus dem Text heraus, die heute nicht mehr gebräuchlich sind.

b) Versuche diese Wörter und Wendungen durch geläufige Begriffe zu ersetzen.

START

sich ... verdingte → arbeitete
buk → ...

2 Richtig lebendig wird die Geschichte erst beim Lesen mit verteilten Rollen.

- Wie viele Rollen können verteilt werden?
- Wie sollte die wörtliche Rede von Eulenspiegel und dem Bäcker gelesen werden? Probiert es aus!
- An welchen Stellen im Text sollten Pausen gemacht werden? Begründet.

streng
laut
wütend
leise
nachdenklich
verschmitzt

3 Das Publikum notiert sich beim Vortrag der anderen Vorschläge zur Verbesserung:

Richtige Lautstärke?	etwas zu leise
Richtiges Lesetempo?	...
Deutliche Aussprache und Betonung?	...
Pausen an den richtigen Stellen?	...
Stimme bei wörtlicher Rede gut verändert?	...
Mein besonderer Tipp:	...

Einen Schwank spielen

Tipp
Der Name Giufà wird wie „Dschufa" ausgesprochen.

Tipp
Liederjan: unordentlicher Mensch

Giufà lässt die Kleider speisen

Giufà, dem man von weitem den Liederjan* ansah, waren alle Leute immer aus dem Weg gegangen; und wenn er gelegentlich in einem Bauernhof anklopfte und um ein Stück Brot bat, jagte man die Hunde auf ihn. Meist bellten die Hunde nur hinter ihm drein, aber eines Tages geschah es, dass sie wirklich auf ihn losfuhren und ihm die Hosen in Stücke zerrissen.

Zerfetzt, wie er war, wagte er sich tagsüber nicht ins Dorf und kam erst zur Nachtstunde heim.

„Wer hat dich so zugerichtet?", fragte die Mutter.

„Die Stacheln", sagte Giufà.

„Nein, die Stacheln reißen nicht so."

„Dann eben die Hunde …"

Und damit erzählte er sein böses Erlebnis im Bauernhof.

Da ärgerte sich die Mutter, verschaffte Giufà am nächsten Morgen eine feine Hose und eine Samtweste und schickte ihn in denselben Bauernhof.

Giufà klopfte an, man machte auf und lud ihn an den Mittagstisch ein. Die Tochter lächelte ihm zu und alle sagten ihm hundert Höflichkeiten.

Als aber die Mahlzeit aufgetragen wurde, da steckte Giufà die guten Sachen mit der Linken in den Mund und mit der Rechten füllte er die Taschen und den Hut. Dazu sagte er: „Speist nur, teure Kleider, speist, denn nicht ich bin's, sondern ihr seid's, die sie eingeladen haben!"

Die Bauersleute blickten betreten auf die Teller und schwiegen. Nach dem Essen stand Giufà auf und sagte: „Meine Kleider danken euch für den köstlichen Braten."

Die Bauersleute schauten beschämt zu Boden; aber die Mutter, mit der er am Abend die heimgebrachten Sachen verspeiste, sagte: „Kleider machen wirklich Leute, und es ist nur schade, dass du und deinesgleichen es nicht verstehen wollt."

1 a) Worum geht es in dem Text? Fasse den Schwank mit eigenen Worten zusammmen.

b) An welchen Orten spielt der Schwank?

c) Unterteile den Text dort in Abschnitte, wo der Ort wechselt.

2 Bereitet den Schwank „Giufà lässt die Kleider speisen" in Kleingruppen als szenisches Spiel vor. Entwerft dazu einen Regieplan.

a) Schreibt zu jedem Abschnitt aus Aufgabe 1 c eine Szene. Geht so vor:

Szene 1

Ort: dörfliche Umgebung, Bauernhaus
Personen: Giufà, Bauer, Mutter
Handlung: ...

b) Benötigt ihr noch eine Erzählerin/einen Erzähler? Wenn ja, was sagt sie/er?

c) An welchen Stellen können noch Dialoge eingebaut werden? Fügt in Klammern hinzu, **wie** jemand spricht.

Sprechtext Szene 1:
Erzähler: Einmal kam ein junger Mann, der sich Giufà nannte, mit völlig zerfetzten Kleidern zu einem Bauernhaus. Ein grimmig ausschauender Bauer öffnete ihm.
Giufà fragt (*bettelnd*): „Entschuldigen Sie, leider habe ich heute noch nichts gegessen. Könnte ich wohl etwas Brot bekommen?"
Bauer *(zeigt mit Hand nach draußen und brüllt laut und wütend)*: „Scher dich zum Teufel! Mit Bettlern will ich nichts zu tun haben!" *(Bauer pfeift nach seinen Hunden)* ...

3 Verteilt die Rollen und probt mit Hilfe eures Regieplans die Szenen nacheinander. Spielt euch das Stück gegenseitig vor.

Merke!

Im **Regieplan** stehen wichtige Angaben für ein Theaterstück:
- Szene
- Ort
- Personen
- Handlung
- Sprechtext
- Requisiten

leise
ärgerlich
stolz
enttäuscht
traurig
verlegen
fröhlich
wütend

Tipp

Nehmt die Szenen mit einer Videokamera auf. Ihr seht dann, was noch verbessert werden kann.

Sagen erzählen

Merke!

Sagen haben oft einen wahren Kern und wurden mündlich überliefert. Besondere Personen, Orte, Naturerlebnisse sind mit unwirklichen, häufig schrecklichen Erlebnissen verbunden.

1 a) Schaut euch das Bild und die Aussagen genau an. Worum geht es?

b) Bei der auf dem Bild dargestellten Sage handelt es sich um den „Rattenfänger von Hameln“.
Überlegt euch in Gruppen einen möglichen Verlauf der Sage. Macht euch Stichpunkte.

2 a) Erzählt euch in der Gruppe gegenseitig die Sage mit Hilfe eurer Stichpunkte.

b) Wählt ein Gruppenmitglied aus, das die Sage vor der Klasse erzählt.

c) Besprecht Unterschiede und Gemeinsamkeiten in den Erzählungen.

3 Lest die Sage „Der Rattenfänger von Hameln“ nach oder lasst sie euch von eurer Lehrerin/eurem Lehrer vorlesen.
Welche zusätzlichen Informationen erhaltet ihr im Original?

4 a) Probiert Folgendes aus:
- Schickt drei Kinder aus der Klasse und lest dann die „Sage von Burgfarrnbach“ vor.
- Holt ein Kind herein und erzählt ihm die Sage.
- Dieses Kind erzählt sie dem zweiten und das dann dem dritten Kind.

b) Nennt die Veränderungen, die sich durch das mündliche Weitererzählen ergeben. Wie sind sie zu erklären?

Die Sage von Burgfarrnbach

Vor langer Zeit lebte in Burgfarrnbach Rapoto von Kühlsheim, ein edler Ritter. Er war ein Wohltäter der Menschheit und jeder schätzte ihn als gerechten Mann. Er war fleißig und rechtschaffen, bis zu jenem Tag, an dem seine geliebte Frau schwer erkrankte. Keiner wusste mehr Rat im Haus des Ritters. Schließlich glaubte er, dass nur noch Gott selbst seiner Frau helfen könnte. So sprach er zu seiner Tochter: „Geh hinab ins Tal und bete dort an der Martinskapelle bei der Rednitz und bitte Gott, er möge deine Mutter wieder gesund werden lassen.“ Das Mädchen, von zwei Knappen begleitet, machte sich sogleich auf den Weg. Als sie zum Wiesengrund hinunterkamen, mussten sie mit Schrecken feststellen, dass der sonst so zahme Fluss durch die Schmelzwasser zu einem reißenden Strom geworden war, sodass die Kapelle nur noch mit einem Boot erreicht werden konnte. Das Mädchen, beseelt von dem Wunsche, die Mutter durch ihr Gebet dem nahen Tod zu entreißen, überredete die beiden Knappen hinüberzurudern. Kaum waren sie jedoch ein Stück vorangekommen, wurde das Boot von den wilden Wassern gepackt. Da gab es kein Entrinnen mehr. Ein Strudel riss die drei in die Tiefe. Das Mädchen war zur Errettung der Mutter selbst in den Tod gegangen. Erst am nächsten Tag fand der verzweifelte Ritter die Leichen der Getreuen. Zur Erinnerung an den Tod seiner Tochter und seiner Knechte ließ Rapoto von Kühlsheim eine Martersäule errichten, die bis heute zu sehen ist.

Tipp

Erkundigt euch auch bei älteren Mitbürgern, im Heimatmuseum, in Büchereien oder im Internet, ob in eurer Umgebung über einen Berg, Felsen oder ähnlichen Ort eine Sage erzählt wird.

5 An welchen Worten und Wendungen erkennt ihr, dass das eine Sage aus alter Zeit ist? Übersetzt diese Wörter in eure Sprache.

Kreativ mit Sprache umgehen

Gedichte verändern

Monika Seck-Agthe

Das freche Schwein

Der Maulwurf Tom ist jede Nacht
verärgert und sehr aufgebracht.
Ein dickes, freches, altes Schwein
quetscht sich in seine Hütte rein.

Da drin ist's mollig, weich und warm.
Tom friert und schlägt deshalb Alarm:
„Dies Haus ist meins! Ich hab's bezahlt!
Und auch noch selber angemalt!"

So jammert Tom, es nützt nicht viel:
Das Schwein ist dreist und auch stabil.
Tom klettert auf sein spitzes Dach
und hält sich mit der Zeitung wach.

„Lies vor!" So herrscht das Schwein ihn an.
„Was ist passiert? Nun sag's schon, Mann!"
Der Maulwurf schluckt, ihm ist nicht gut.
Ganz tief im Bauch, da wühlt die Wut.

Merke!

Pantomime: schauspielerische Darstellung ohne Worte, nur mit Mimik und Gestik

1 Lies das Gedicht zuerst leise.

2 a) Wie könnte das Gedicht enden?

b) Dichte weitere Verse hinzu.

3 Bildet Dreiergruppen. Eine/einer aus der Gruppe trägt das Gedicht vor und die anderen stellen es pantomimisch dar.

4 a) Lies mit deiner Partnerin/deinem Partner das Gedicht „Das Feuer“ im Wechsel laut vor. Betont dabei vor allem die Verben besonders deutlich.

James Krüss

Das Feuer

Hörst du, wie die Flammen flüstern,
Knicken, knacken, krachen, knistern,
Wie das Feuer rauscht und saust,
Brodelt, brutzelt, brennt und braust?

Siehst du, wie die Flammen lecken,
Züngeln und die Zunge blecken,
Wie das Feuer tanzt und zuckt,
Trockne Hölzer schlingt und schluckt?

Riechst du, wie die Flammen rauchen,
Brenzlig, brutzlig, brandig schmauchen,
Wie das Feuer, rot und schwarz,
Duftet, schmeckt nach Pech und Harz?

Fühlst du, wie die Flammen schwärmen,
Glut aushauchen, wohlig wärmen,
Wie das Feuer, flackrig-wild,
Dich in warme Wellen hüllt?

...

b) Beschreibe die Wirkung der Verben, die James Krüss in diesem Gedicht verwendet hat.

5 a) Sammle möglichst viele verschiedene Verben zum Thema „Wasser“.

b) Versuche nach dem gleichen Muster wie oben vier bis acht Verse zum Thema „Wasser“ zu schreiben.

START

Hörst du, wie das Wasser wühlt,
Strudelt, ...
...

spülen
rinnen
gurgeln
branden
prasseln
perlen
...

Gedichte verfassen

Reimerei

Mit Hilfe von vorgegebenen Reimwörtern soll ein Gedicht entstehen.

1 a) Findet in der Gruppe vier Reimpaare. Gebt sie an die nächste Gruppe weiter.

START

Tisch	tanzen	Schwein	lachen
Fisch	Wanzen	…	…

b) Wählt in der Gruppe zwei Reimpaare aus und schreibt dazu ein Gedicht.

START

Am großen, alten Marmortisch
sitzt Kater Max und schlachtet Fisch,
indessen an der Decke tanzen
ausgelassen dicke Wanzen.

Gedichtpuzzle

Gustav Sichelschmidt

Lustiger Mond

War ja nur sein Spiegelbild!

So als wärs ihm schrecklich gleich.

Aber das war nicht so wild,

Gestern abend um halb achte

Zwar er war ein wenig blasser,

Doch was meint ihr, was er machte?

Denn da unten das im Wasser

Fiel der Mond in unsern Teich.

Er stand einfach auf und lachte,

Tipp
Bei der Zusammensetzung der Gedichtstreifen solltest du auf den Reim und auf einen sinnvollen inhaltlichen Ablauf achten.

2 a) Setze mit deiner Partnerin/deinem Partner die Gedichtstreifen so aneinander, dass ein sinnvolles Gedicht entsteht.

b) Tragt eure Fassung der Klasse vor und begründet die Anordnung der Verse.

Konkrete Poesie

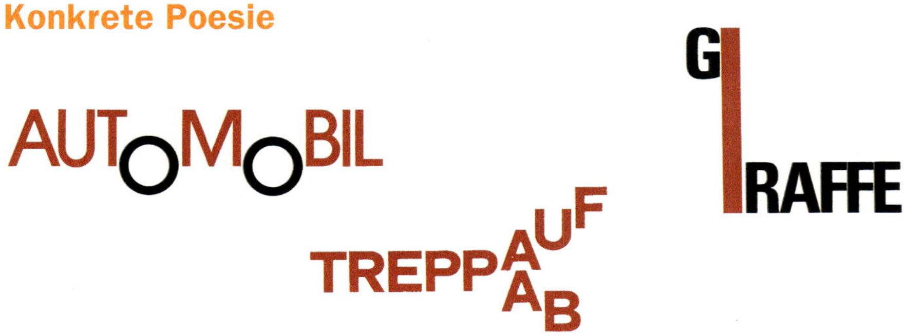

3 Entwerft ähnliche Wortbilder z. B. zu den Wörtern „Umleitung“, „Luftballon“, „Hochhaus“, „schlängeln“, „hüpfen“, ...

Elfchen

Ein Elfchen ist ein einfaches Gedicht, das aus elf Wörtern, in fünf Zeilen angeordnet, besteht.

1. Zeile: ein Wort → Elfchen,
2. Zeile: zwei Wörter → kleines Gedicht
3. Zeile: drei Wörter → aus elf Wörtern,
4. Zeile: vier Wörter → in fünf Zeilen angeordnet.
5. Zeile: ein Wort → Schreibt!

4 a) Versuche nach diesem Muster selbst ein Elfchen zu folgenden Themen zu verfassen:

Schule **Freund** **Frühling** **Fußball**

b) Lies das Elfchen in der linken Spalte. Wie findest du es?

c) Überarbeite das Elfchen, indem du versuchst, einige Wörter durch die Wörter in der rechten Spalte zu ersetzen.

Gut	Tor, Ball,
Ist schön	Mannschaft, schwitzen,
Ist meine Lieblingssportart	Freude, Spaß, dribbeln,
Fußball ist das Beste	siegen, laufen, Gegner, ...
Fußball	

Vortragen ist eine Kunst

Heinz Erhardt
Die Made

Hinter eines Baumes Rinde
wohnt die Made mit dem Kinde.
Sie ist Witwe, denn der Gatte,
den sie hatte,
fiel vom Blatte.
Diente so auf diese Weise
einer Ameise als Speise.
Eines Morgens sprach die Made:
„Liebes Kind, ich sehe grade,
drüben gibt es frischen Kohl,
den ich hol. So leb denn wohl!
Halt, noch eins! Denk, was geschah,
geh nicht aus, denk an Papa!“
Also sprach sie und entwich. –
Made junior aber schlich
hinterdrein; das war schlecht!
Denn schon kam ein bunter Specht
Und verschlang die kleine fade
Made ohne Gnade. Schade!
Hinter eines Baumes Rinde
ruft die Made nach dem Kinde ...

Steckbrief

Name: Heinz Erhardt
Geburtstag: ...
Geburtsort: ...
Familie: ...
Ausbildung: ...
Lebenswerk: ...
Todestag: ...

Tipp
Informationen zu Heinz Erhardt findest du z.B. im Lexikon oder im Internet unter www.heinzerhardt.com

1 a) Lies das Gedicht zunächst still. Worum geht es?

b) Wie wirkt das Gedicht auf dich? Versuche zu erklären, warum es so wirkt.

2 Finde eine mögliche Fortsetzung zum Gedicht.

START

Sie dachte dran, wie schön es war,
als sie ...

3 a) Betrachte das Foto des Autors. Beschreibe, wie es auf dich wirkt. Passt die Wirkung zum Gedicht?

b) Fertige einen Steckbrief zu Heinz Erhardt an. Die Angaben oben helfen dir dabei.

4 Lies das Gedicht vor. Bereite deinen Gedichtvortrag schrittweise vor. Dafür schreibst du am besten das Gedicht ab

1 Pausen setzen
Lies das Gedicht laut und überlege dir, wo du beim Vortragen eine Pause machen könntest. Markiere die Stellen mit senkrechten farbigen Strichen.

Die Made //
Hinter eines Baumes Rinde
wohnt die Made mit dem Kinde. /
Sie ist Witwe, / denn der Gatte,
den sie hatte, /
fiel vom Blatte. /

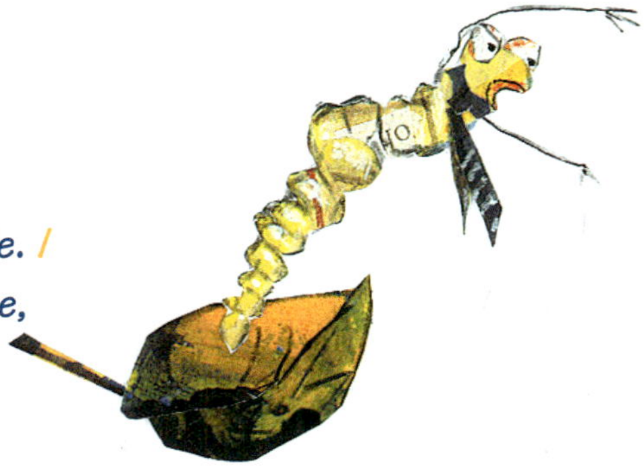

2 Betonen
Unterstreiche die Wörter, die du besonders betonen möchtest.

Die Made
Hinter eines Baumes Rinde
wohnt die Made mit dem Kinde.

3 Aussprache üben
Markiere die Konsonanten am Ende der Wörter farbig. Lies das Gedicht und sprich die markierten Buchstaben übertrieben deutlich aus: z. B. Specht.

4 Gefühle mit der Stimme ausdrücken
Mutter Made warnt ihr Kind eindringlich. Lies die Stelle so, dass man den warnenden Tonfall erkennt.

5 Gestik und Mimik einsetzen
Suche Wörter und Ausdrücke, die du bei deinem Vortrag besonders hervorheben kannst:
- durch Gestik (Arme, Hände, Finger, ...)
- durch Mimik (Augen aufreißen, Stirn runzeln, ...)

6 Körperhaltung
Probiere unterschiedliche Körperhaltungen aus und beobachte, ob sich die Wirkung des Gedichtvortrags verändert.

Merke!
Kurze Pause: /
Lange Pause: //
Betonung: ____

Merke!
Gestik:
Bewegungen mit dem Körper
Mimik:
Veränderung des Gesichtsausdrucks

Vorgänge und Abläufe beschreiben

Versuche beschreiben

Die trockengelegte Münze

1 Die Abbildung zeigt dir, was du für den **Versuchsaufbau** benötigst. Zähle die Geräte und Materialien mit ihren genauen Bezeichnungen auf.

START **Für den Versuch benötige ich …**

2 Probiere den Versuch „Die trockengelegte Münze“ zunächst aus. Gehe dabei so vor:

- Münze in die Wanne legen
- Wasser hineinschütten, bis die Münze gerade bedeckt ist
- Kerze in die Wanne stellen
- Büroklammer in etwa 2 cm Abstand von der Kerze in die Wanne legen
- Kerze anzünden
- Glas über die Kerze stülpen
- Glas an einer Stelle auf die Büroklammer stellen
- die Münze aus der Wanne nehmen

Merke!

Eine **Versuchsbeschreibung** besteht aus
- Versuchsaufbau,
- Versuchsdurchführung und
- Versuchsbeobachtung.

3 Mit Hilfe einer **Versuchsdurchführung** können deine Mitschülerinnen und Mitschüler die Tätigkeiten, die während des Experiments erfolgen, genau nachvollziehen.
Anweisungen für Versuche werden im Imperativ geschrieben.

Infinitiv	Imperativ Singular	Imperativ Plural
legen	lege	legt
hineinschütten	schütte ... hinein	...
stellen	...	...
anzünden	...	...
stülpen	...	...
nehmen	...	nehmt

a) Übertrage die Tabelle in dein Heft und setze alle Verben in den Imperativ Singular und den Imperativ Plural.

b) Schreibe nun die Anweisungen aus Aufgabe 2 als zusammenhängenden Text im Imperativ auf. Du kannst im Singular oder Plural schreiben. Verwende Wörter, die eine zeitliche Reihenfolge ausdrücken.

START Lege zuerst ... Schütte danach ... **oder:**
Legt zuerst ...

4 In der **Versuchsbeobachtung** beschreibst du deine Beobachtungen, die du während des Experiments gemacht hast.

Münze liegt im Trockenen

Kerze brennt weiter

Wasser wird in das Glas gesaugt

Münze wird in das Glas gesaugt

Kerze erlischt

Kerze flackert

Was ist während des Versuchs passiert? Wähle die richtigen Ergebnisse aus und bringe sie in die richtige Reihenfolge.

Merke!

Im **Imperativ** gibst du Anweisungen oder forderst zu einer Handlung auf:
Singular = **Nimm!**
Plural = **Nehmt!**

Wörter, die eine zeitliche Reihenfolge ausdrücken:
während
zuerst
nach
vor
beim
danach
inzwischen
nachdem
ehe
bevor
später
anschließend
nun
jetzt
nach einer Weile ...

Bootsfahrt ohne Motor

5 Schreibe im **Versuchsaufbau** auf, welche Geräte und Materialien du für das Experiment benötigst. Benenne sie dabei mit ihren genauen Bezeichnungen.

Tipp
Verwende **Präpositionen**, z.B. an, auf, unter, zwischen, unter, über, hinter ...

START Für den Versuch „Bootsfahrt ohne Motor" benötigt man einen festen Karton (Größe eines DIN-A4-Blattes), eine ...

6 Die **Versuchsdurchführung** findest du hier in verkehrter Reihenfolge vor:

einen Tropfen Spülmittel auf den Finger geben * ausschneiden * Umriss des Bootes auf festen Karton zeichnen, ca. 15 cm groß * Boot auf das Wasser setzen, schwimmen lassen * Finger hinter dem Boot ins Wasser tauchen * Wanne mit Wasser füllen

Bringe die Arbeitsanweisungen in die richtige Reihenfolge und schreibe sie in dein Heft.

7 Was ist das Ergebnis des Versuchs?
Schreibe deine **Versuchsbeobachtung** in einem Satz auf.

8 Je nachdem, ob du eine Handlungsanweisung in der persönlichen oder unpersönlichen Ausdrucksweise formulierst, ändert sich die Personalform der Verben.

a) Übertrage die folgende Tabelle in dein Heft. Verändere die Personalform der Verben.

Infinitiv	man	du	wir	ich
zeichnen	zeichnet	...	...	...
ausschneiden	...	schneidest aus	...	...
setzen	...	...	...	setze
schwimmen lassen	...	...	...	...
geben	...	...	...	...

b) Bilde zu den Verben „waschen", „nehmen", „halten" und „sehen" einige Sätze in unterschiedlichen Personalformen.

START Du lässt das Boot schwimmen.

Merke!

Vorgänge kannst du entweder in der **persönlichen Ausdrucksweise** (du gibst) oder in der **unpersönlichen Ausdrucksweise** (man gibt) schreiben.

9 Entscheide dich für die persönliche oder die unpersönliche Ausdrucksweise und schreibe eine vollständige Versuchsdurchführung zum Experiment „Bootsfahrt ohne Motor" in dein Heft. Überprüfe mit Hilfe des folgenden Kastens, ob du alle Schritte der Versuchsbeschreibung eingehalten hast.

Vorgänge und Abläufe beschreiben

1. Notwendige Materialien und Vorbereitungen mit genauen Bezeichnungen aufzählen und beschreiben.
2. Den Ablauf des Vorgangs/Versuchs in geordneter Reihenfolge knapp und sachlich beschreiben.
3. Bei der Wortwahl auf Anschaulichkeit und Genauigkeit achten (treffende Adjektive und Verben verwenden).
4. Abschließend das Ergebnis/die Beobachtungen des Vorgangs/Versuchs beschreiben.
5. Zeitform ist das Präsens.

Vorgänge und Abläufe beschreiben

1 a) Lies die Versuchsbeschreibung. Wiederhole mit eigenen Worten, worum es in dem Versuch geht.

> **Der Wettlauf der Farben**
> Einige Streifen Löschpapier oder weißes Kaffeefilterpapier nehmen, darauf Punkte mit verschiedenfarbigen Filzstiften malen, das Filterpapier ins Wasser hängen, das Papier mit einer Klammer befestigen. Die Farbpunkte müssen gerade noch über der Wasseroberfläche zu sehen sein. Das Papier sollte den Boden gerade nicht berühren. Was geschieht mit deinem Farbtupfer? Kannst du Unterschiede beobachten?

Tipp
Versuche für Kinder findest du im Internet, z.B. unter:
www.geolino.de
www.physikfuerkids.de

b) Zu dieser Versuchsbeschreibung hast du sicherlich einige Fragen. Formuliere sie.

2 Beschreibe mit folgenden Angaben den **Versuchsaufbau** mit allen notwendigen Materialien genauer.

> Behälter mit etwas Wasser füllen * 4 cm breit, 15 cm lang, saugfähiges Papier (Löschpapier oder Kaffeefilter) * ausschneiden * wasserlösliche Filzstifte, gelb, blau, rot, schwarz * gleich große Streifen * Klammer oder Klebeband

START Für die Durchführung des Versuchs „Der Wettlauf der Farben“ benötigt man:
– ca. 4 cm breite und 15 cm lange Streifen aus …

3 a) Lies die folgende **Versuchsdurchführung**.

Ich schneide Löschpapier in Streifen zurecht. Ich tupfe mit einem Stift Farbflecken auf das Papier. Ich befestige das Papier mit einer Klammer an einem Behälter mit Wasser. Ich achte darauf, dass die Farbpunkte nicht ins Wasser tauchen und gerade noch zu sehen sind. Das Löschpapier saugt das Wasser auf. Die Farbpunkte werden in ihre verschiedenen Farben getrennt. Die Farbe Blau setzt sich z. B. aus Violett und Türkis zusammen.

b) Hier besteht Überarbeitungsbedarf. Begründe, warum.

c) An welcher Stelle fängt die **Versuchsbeobachtung** an?

d) Schreibe die verbesserte Versuchsdurchführung und Versuchsbeobachtung in dein Heft. Gehe so vor:

- Verwende Wörter aus der Randspalte, um die Sätze zu ergänzen und genauer zu beschreiben.
- Füge Wörter ein, die eine zeitliche Reihenfolge angeben (zuerst, während, danach, nun, nachdem, bevor, anschließend, zuletzt, am Schluss, ...).
- Nutze die unpersönliche Ausdrucksweise **oder** den Imperativ.

START

Schneide zuerst mehrere gleich lange Streifen ...
oder:
Man schneidet zuerst ...

e) Tausche deine vollständige Versuchsbeschreibung zum Experiment „Der Wettlauf der Farben" mit deiner Partnerin/deinem Partner aus.
Gib mit Hilfe des Kastens von Seite 53 unten Tipps zur Verbesserung.

gleich lange
saugfähiges
mehrere
unterschiedliche
einige
verschiedene
vier, rote, gelbe, schwarze ...

4 a) Suche im Internet nach Versuchsbeschreibungen, z. B. unter www.geolino.de.
Überprüfe, ob sie so formuliert sind, dass man den Versuch gut nachvollziehen kann.

b) Überarbeite sie, falls notwendig.

(Vor-)Lesen trainieren

Einen Vorlesewettbewerb vorbereiten

Merke!

Andreas Steinhöfel wurde 1962 geboren. Er lebt heute in Berlin und schreibt vor allem Kinder- und Jugendbücher.

Zum Vorlesen beim Vorlesewettbewerb eignen sich z. B. Ausschnitte aus dem Roman „Beschützer der Diebe“ von Andreas Steinhöfel.

Andreas Steinhöfel
Beschützer der Diebe

„Du wolltest rekapitulieren“, sagte er zu Dags. Er gab sich Mühe, das Wort so beiläufig wie möglich auszusprechen. Dags nickte. „Oberflächlich betrachtet, klingt die Sache ziemlich einfach: Ein Mann wird von einem anderen Mann verfolgt. Der Verfolger arbeitet mit mindestens einem weiteren Typen zusammen – mit jemandem, der einen ziemlich teuren Wagen besitzt, von dem wir leider das Kennzeichen nicht kennen.“ Sie warf Guddie einen vorwurfsvollen Blick zu, den diese nicht bemerkte. „Der Mann wird in den Wagen gezerrt, betäubt und entführt“, fuhr sie fort. „Und bevor das geschieht, verliert er einen Zettel.“

Tipp

Jedes Jahr findet ein bundesweiter Vorlesewettbewerb statt, an dem Schülerinnen und Schüler aller sechsten Klassen teilnehmen können. Informationen zu Teilnahmebedingungen und Regeln findet ihr unter: www.vorlesewettbewerb.de

1 Stellt in der Klasse Vermutungen darüber an, wovon die Geschichte handeln könnte und wie sie weitergehen wird.

2 Lies die folgende Karteikarte zu dem Roman. Welche wichtigen Angaben enthält sie?

Tipp

rekapitulieren: zusammenfassen, wiederholen

Buchvorstellung Klasse 6a Name: Tim Braun
Titel: Beschützer der Diebe
Autor: Andreas Steinhöfel

Das Buch ist nicht nur eine Detektivgeschichte, sondern erzählt auch von Liebe und Freundschaft.

Ich habe mir das Buch ausgesucht, weil das Bild spannend aussah und das Buch von drei Jugendlichen in meinem Alter in der Stadt Berlin erzählt.

3 Für den Wettbewerb müssen die Teilnehmerinnen und Teilnehmer kurz erklären, wovon das Buch handelt, damit das Publikum den Textabschnitt, der vorgelesen wird, versteht.

a) Lies die folgende Zusammmmmenfassung. Welche Informationen sind überflüssig?

b) Fasse den Inhalt des Romans mit Hilfe der beiden Texte in ca. drei bis vier Sätzen zusammen. Achte darauf, dass du die Zuhörer neugierig machst, aber auch nicht zu viel verrätst.

Es fängt damit an, dass Dagmar, die Tochter eines Professors, in den Ferien Langeweile hat und mit ihrer Kusine Gudrun eigentlich nichts anfangen will. Doch da lernen beide Olaf kennen, der bei einer seiner Touren durch die Kaufhäuser gerade auf der Flucht vor einem Kaufhausdetektiv ist. Sie beschließen, miteinander etwas zu unternehmen, und geraten in einen spektakulären Kriminalfall in Berlin. Mit von der Partie ist auch Dagmars Ratte Romeo, die sie im Hotel fast in Lebensgefahr gebracht hätte, weil sie Kekskrümel entdeckt hatte. Die Jugendlichen lernen eine Menge Leute kennen, sie beobachten ein berühmtes Liebespaar, finden einen unbekannten unterirdischen Gang zum Museum und können eine Straftat beobachten und fotografieren. Doch die Polizei glaubt ihnen nicht. So versuchen sie auf eigene Faust etwas zu unternehmen, lernen dabei die Stadt kennen und geraten in gefährliche Situationen. Am Ende haben sie nicht nur etwas über Diebstähle, sondern auch über Liebe und Freundschaft herausgefunden.

Merke!

Eine **Zusammenfassung des Inhalts,** z. B. eines Romans,
- enthält Angaben zum Titel, zu Autor/-in, Textart und Thema,
- gibt die wesentlichen Erzählschritte in eigenen Worten wieder,
- wird im Präsens geschrieben.

4 a) Erstellt zu euren Lieblingsbüchern Karteikarten, indem ihr Angaben zum Titel, Autor und Inhalt des Buches macht. Notiert darauf auch, warum euch das Buch gefallen hat.

b) Sammelt eure Karteikarten in einem Karton in der Klasse. So entsteht eure eigene Lesekartei.

Einen Vorleseabschnitt auswählen

1 Lest die beiden Texte. Welcher der beiden Abschnitte eignet sich für den Vorlesewettbewerb besser? Begründet eure Wahl.

Es hatte wieder zu regnen begonnen, lang anhaltend und heftig. Guddie trat vom Fenster zurück und ließ ihren Blick durch Dagmars Zimmer schweifen. „Bin noch nicht zum Aufräumen gekommen“, sagte Dags entschuldigend. Sie hockte auf dem Bett, streichelte Romeo mit der einen Hand und schob sich mit der anderen einen Schokoladenriegel in den Mund. „Nie wieder will ich so was erleben! Es war der Horror!“ „Du hättest Romeo nicht mitnehmen dürfen.“ Die Ohren der schwarzweißen Ratte stellten sich auf, als Guddie ihren Namen aussprach. Dags zuckte die Achseln und wickelte den nächsten Schokoriegel aus …

Oder:

Der geheime Gang war gerade so breit, dass sie nebeneinander laufen konnten, ohne an den Wänden aus rotbraunem Backstein anzustoßen. „Ganz schön kalt hier … und es stinkt“, sagte Olaf neben ihr. Ein leichtes Zittern lag in seiner Stimme, wie um seinen Worten Nachdruck zu verleihen. Guddie hatte angewidert das Gesicht verzogen und rümpfte die Nase. „Wir sind tatsächlich unter dem Betongewölbe“, flüsterte Guddie voller Ehrfurcht. Dags gab keine Antwort. Sie fühlte sich großartig. Es war ihr zu verdanken, dass sie sich jetzt sechs Meter tief unter der Erde befanden. Das Einzige, was ihre gute Laune trübte, war die Beschaffenheit des Bodens. Eine halbe Minute später standen sie vor dem ersten Loch im Boden. „Leuchte mal rein“, sagte Olaf …

Merke!

Der **Textausschnitt** sollte
- spannend oder lustig sein,
- neugierig machen,
- leicht verständlich sein,
- keine zu langen Sätze haben.

2 Sucht in euren Lieblingsbüchern nach zwei geeigneten Textstellen und lest sie eurer Partnerin/eurem Partner vor. Beratet euch, welcher Ausschnitt zum Vorlesen besser geeignet ist.

Einen Lesevortrag üben und bewerten

1 Bereite deinen Lesevortrag schrittweise vor. Arbeite dafür mit einer Folie oder lass dir die Abschnitte kopieren.

- Lies deine Textstelle mehrmals durch und überlege dir, wo du beim Vortragen eine Pause machen möchtest. Markiere die Stellen mit senkrechten farbigen Strichen.
- Unterstreiche Wörter, die du besonders betonen möchtest.
- Überlege, wie du die wörtliche Rede vorlesen möchtest (z. B. flüstern, stottern, schreien).
- Übe die Aussprache von schwierigen Wörtern.

Sie zuckte zusammen, als ein deutlich vernehmbares Klicken ertönte. // Der Motor der Kamera begann laut zu surren, als er automatisch den vollgeknipsten Film zurückspulte. / Erschrocken sah Dags auf. // Verdammt, warum macht dieses Ding … // Sie fühlte den Schatten, noch ehe sie ihn tatsächlich von der Seite auf sich zugleiten sah. Dann wurde sie gepackt und nach vorne gezerrt. (…) „Dags!“ „Lauf, Guddie!“

2 Lies diese Textstelle deiner Partnerin/deinem Partner vor und versuche die Lesehilfen beim Vortragen umzusetzen.

3 Um einen Vorlesewettbewerb in der Klasse durchzuführen, hilft euch ein Bewertungsbogen. Übertragt ihn in euer Heft und ergänzt weitere Merkmale für einen gelungenen Lesevortrag.

Bewertungsbogen: Vorlesewettbewerb der Klasse … Name: …

		ja	teilweise	nein
Gesamteindruck des Vortrags	– gelungener Vortrag – gut ausgewählte Textstelle – …			
Lesetechnik	– passende Betonung – …			
Textgestaltung	– Stimme verändert – …			

Merke!

Kurze Pause: /
Lange Pause: //
Betonung: ____

Tipp

- Fehler
- wörtliche Rede hervorgehoben
- Pausen
- Lautstärke
- spannende Stellen betont
- Blickkontakt mit Zuhörern
- kannte den Text gut
- deutliche Aussprache
- flüssig vorgelesen

Lesetechnik verbessern

Tipp
Trau dich, langsam zu lesen, dann machst du auch weniger Fehler.

Beim Vorlesewettbewerb wird dir auch ein unbekannter Text vorgelegt. Mit den folgenden Übungen kannst du dich darauf vorbereiten.

1 Wörter erschließen

Lies die Sätze möglichst fehlerfrei.

Romeo k■nnte den Bef■hl. Die Ratte schl■pfte ■nter der T■r h■nd■rch ■nd s■chte den Schl■ssel. N■ch ein■r W■le br■chte s■ Dags den Schl■ss■l. N■n k■nnten sie d■ T■r a■fschl■ßen.

2 Glatteis-Lesen

Folgende Wortpaare sind nicht leicht zu lesen.
Lies sie langsam und gründlich.

- Nachteil / Nachteilzug
- Rüschen / Röschen
- Beinbruch / beinhalten
- geigen / geeignet
- Wettersturz / Wetterlös
- Lufträume / Wachträume
- Lotterie / Losserie
- versenden / Versende
- herzergreifend / herzeigen

3 Gestohlene Zwischenräume

In diesem Text fehlen die Wortzwischenräume. Kannst du ihn trotzdem möglichst ohne Fehler lesen?

ZWEINASENSPITZEN

AUCHDEINEFINGERKÖNNENSICHTÄUSCHEN! DUWIRSTNÄMLICHINDEINEMGESICHTZWEI NASENSPITZENFÜHLEN.ÜBERKREUZEZEIGE-UNDMITTELFINGER.REIBEMITIHNENSEITLICH ÜBERDIENASENSPITZEN.WASFÜHLSTDU? ZWEINASENSPITZEN!JEDERFINGERFÜHLT EINENASENSPITZE.SOLEICHTLASSENWIR UNSBESCHWINDELN,WENNWIRNICHT SEHENKÖNNEN,WASWIRFÜHLEN.

4 Leichte Wörter: schnell und richtig

Die Wörter sind leicht zu lesen, aber schaffst du es in weniger als einer Minute? Bereite dich zunächst durch stilles Lesen vor. Veranstalte mit deiner Partnerin/deinem Partner einen kleinen Wettbewerb. Wer liest schneller und auch fehlerfrei?

rufen hoffen heben Liste Blut Auto Oper warten reiben Tasse eben kleben Sonne Kasse neben heben leben wenig Honig Buch ohne Tisch kosten Sahne Werk merken stärken werken Osten Posten Schiff Pfiff Maus Falle Stress der um bei über unter auf beim Lob Stufe Lift Huf Lama Katze kratzen Kerne Lärm erst Augen saugen legen wagen Pack Frage Lauge Beere Meer Leere stören hören kehren krächzen putzen Fuchs Bach Luchs futsch wenig ständig wendig Wand Wachs wagen Ende

5 „Geräuschwörter" lesen

Diese Wörter ahmen Laute nach. Betone beim Lesen den ursprünglichen Laut, der im Wort zum Ausdruck kommt.

zischen, knallen, brummen, schreien, quietschen, rasseln, klappern, donnern, gackern, grunzen, quaken, schlürfen

6 Deutlich lesen

Betone bei folgenden Wörtern vor allem den Endbuchstaben und die Konsonanten.

todkrank, eiskalt, Albtraum, Irrlicht, Gesichtsausdruck, Brautkleid, Schreckgespenst, Labyrinth, Phantom, Spukgestalt

Tipp
Betone besonders deutlich die Konsonanten:
- g und k
- p und b
- d und t

7 Lesen mit Betonung

Welches Wort betonst du, um die Frage zu beantworten?

Ich kaufe mir einen blauen Pullover. **Wer?**
Ich kaufe mir einen blauen Pullover. **Was tust du?**
Ich kaufe mir einen blauen Pullover. **Wem?**
Ich kaufe mir einen blauen Pullover. **Welche Farbe?**
Ich kaufe mir einen blauen Pullover. **Was kaufst du dir?**

Berichten für die Schülerzeitung

Die Reihenfolge wiedergeben

Die Klasse 6 a einer Hauptschule in Kulmbach beteiligt sich am Wettbewerb für den besten Schülerzeitungsbericht. Die Schülerinnen und Schüler beschließen, einen Beitrag über ihren Ausflug ins Museum der Moderne zu schreiben.

1 Bringe die Bilder des Ausflugs in eine zeitlich richtige Reihenfolge. Notiere die Ereignisse in Stichpunkten.

START

1. Ankunft der Schulklasse am Museum
2. …

Ein Schwerpunkt des Besuchs im Museum sind die Bilder des Künstlers Andy Warhol. Die Schülerinnen und Schüler haben sich deswegen mit Fragen vorbereitet. Einige Antworten dazu hat sich Kevin auf seinem Notizzettel notiert.

in den USA gelebt, vor allem in New York, amerikanische Pop-Art, Motive waren bedeutende Personen seiner Zeit

2 Ordne die Antworten von Kevins Notizzettel den entsprechenden Fragen auf den Bildern von Seite 62 zu.

3 a) Notiere weitere Fragen, welche die Schülerinnen und Schüler der Museumspädagogin gestellt haben könnten.

START

Wann hat Andy Warhol gelebt?
Warum ...?

b) Informiere dich in Sachbüchern über Kunst, im Lexikon oder im Internet über Andy Warhol und versuche die Fragen zu beantworten.

Tipp

W-Fragen:
Wie viele ...?
Wer ...?
Wo ...?
Was ...?
Wie ...?
Seit wann ...?
Warum ...?

4 Beschreibe die Bilder, ihre Motive und Farben und deren Wirkung auf dich.

Informationen festhalten

Lauras Notizen

Andy Warhol -> eigentlich Andrew Warhola, lebte von 1930 bis 1987, studierte Gebrauchsgrafik, ging nach New York, wo er als Illustrator für Zeitschriften und in der Werbung arbeitete. In den 60er-Jahren malte er alltägliche Artikel wie Suppendosen und Coca-Cola-Flaschen, berühmter Satz von Warhol: „Eigentlich sind Kaufhäuser auch eine Art Museum", wurde bekannt durch Siebdrucke von bekannten Personen (Marilyn Monroe, Elvis Presley), wichtigstes Ausdrucksmittel: Serienfertigung durch Drucktechnik, durch andere Farben neue Wirkung der Bilder, Kunst heißt „Pop-Art"

Max' Notizen

Wann?	Dienstag, 12.10 2004
Wohin?	Museum für moderne Kunst
Was gesehen?	Ausstellung über A. Warhol
Was hat Frau Seiler über A. Warhol erzählt?	– Künstler aus Pittsburgh, war homosexuell, wilde Frisur mit strohblond gefärbten Haaren, war „Workaholic" – Wollte Kunstwerke auch wie Massenprodukte vervielfältigen
Wie hat es mir gefallen?	Gute Führung, lustige Bilder, eigene Drucke in der Werkstatt zu machen war klasse

Ich finde, dass …
Der rechte Notizzettel hat den Vorteil …
Mir fällt auf …
Meiner Meinung nach …

1 Vergleiche die beiden Notizzettel. Stelle die Vor- und Nachteile fest.

2 Übertrage die Tabelle in dein Heft. Suche aus Lauras und Max' Notizen wichtige Informationen heraus. Ergänze damit die Tabelle.

Besuch im Kunstmuseum	
Was haben wir gesehen?	Ausstellung über Andy Warhol im Kunstmuseum
Was haben wir erfahren?	…
Wie …	…
Wann …	…
…	…

3 Der folgende Bericht muss an einigen Stellen überarbeitet werden, damit daraus ein sachlicher Bericht entsteht.

Am letzten Dienstag haben wir einen Ausflug ins Museum der Moderne gemacht. Die Museumspädagogin Frau Seiler erzählte uns gleich etwas über den Künstler Andy Warhol. Der war ja total verrückt. Dann haben wir ein langweiliges Porträt des Künstlers gesehen. Die anderen Bilder waren aber ganz o. k. Vor dem Siebdruck von Marilyn Monroe haben wir etwas über die Technik und Absicht des Künstlers erfahren. Frau Seiler kann sooo spannend erzählen. Dann ließ uns Frau Seiler in der Werkstatt des Museums selbst einen Siebdruck herstellen. Das war total klasse. Unser Bus kam dann auch noch zu spät, aber die Verabschiedung von Frau Seiler war echt traurig.

a) Formuliere Stellen, die in Umgangssprache geschrieben wurden oder die persönliche Meinung des Verfassers enthalten, in eine sachliche Sprache um.

START „Der war ja total verrückt." → Andy Warhol war eine auffällige Person

„Die anderen Bilder waren ganz o. k." → ...

b) Überarbeite auch die Satzanfänge in dem Bericht.

zuerst
anschließend
danach
am Schluss
schließlich
nachdem

4 Gestalte diesen Text flüssiger, indem du die Sätze mit Konjunktionen verbindest.

Wir kamen um 9 Uhr am Museum an. Wir haben eine Führung von einer Museumspädagogin erhalten. Sie hieß Frau Seiler. Sie konnte sehr spannend erzählen. Am Anfang erzählte sie etwas über das Leben des Künstlers. Danach beschrieb sie die Herstellungsweise der Drucke. Ihre Erklärungen zu den Bildern waren sehr interessant.

Merke!

Konjunktionen verbinden Wörter und Sätze miteinander:
als
da, weil
und
nachdem
dass
obwohl

Einen Bericht verfassen

1 a) Versetze dich nun selbst in die Rolle eines Schülerzeitungsredakteurs und verfasse einen Bericht über die Ausstellung. Die notwendigen Informationen findest du auf den Seiten 62 bis 65. Halte dabei die folgenden vier Schritte ein:

Einen Bericht verfassen

1. Einen Stichpunktzettel erstellen.
2. Einen Entwurf schreiben.
3. Kontrollieren, ob der Entwurf
   - alle notwendigen, aber keine überflüssigen Informationen enthält (W-Fragen),
   - ob die richtige zeitliche Reihenfolge eingehalten wurde,
   - ob er im Präteritum geschrieben wurde,
   - ob er sachlich ist.
4. Den Bericht sauber aufschreiben.

b) Du kannst für deinen Bericht folgende Satzanfänge zu Hilfe nehmen:

START

Am Dienstag, dem 12. Oktober, unternahm die Klasse 6 a einer Hauptschule aus Kulmbach einen Ausflug ins ...

Nach der Ankunft erhielten die Schüler von ...

Zuerst erfuhren sie etwas über ...

Anschließend konnten die Schüler Fragen über ...

Besonders interessant war, dass ...

Am Schluss durften die Schüler ...

Gut gefiel / weniger gut gefiel ...
Sie empfahlen besonders ...
Besonders schön war ...

2 Bei einem Bericht über ein besonderes Ereignis darf auch die Meinung der Verfasserin / des Verfassers wiedergegeben werden. Dies macht den Bericht interessanter.
Formuliere einen Schlusssatz, in dem der persönliche Eindruck über den Ausflug ins Museum erkennbar wird.

Einen Bericht überarbeiten

1 a) Lies den folgenden Bericht. Worum geht es?

Echt super war das. Während unsere Parallelklasse ins Kunstmuseum muss, dürfen wir eine Burg besuchen. Pünktlich um 8.00 Uhr düsten wir los. Während der Fahrt haben wir echt coole Musik gehört. Die Führung auf der Burg war aber total langweilig. Nach der Führung mussten wir uns im Burghof versammeln und wir konnten dann mittelalterliche Brettspiele herstellen. Dabei haben wir eine Menge Spaß gehabt. Der Museumspädagoge hat uns zwar viele Informationen gegeben, aber da wir uns keine Notizen gemacht haben, ist es in der Schule schwierig gewesen, uns an die Sachen zu erinnern. Krass kalt war es damals auf der Burg, denn die hatten ja keine Fenster, und gestunken hat es meistens auch. Der Burgherr musste sich vor Feinden schützen und deshalb hat er einen Burggraben gehabt. Nichts da mit Burgromantik und so. So eine Ritterrüstung war voll schwer. Der Ritter alleine konnte sie gar nicht anziehen. Er brauchte mindestens noch zwei Diener dazu.

Texte überarbeiten
▶ S. 102 ff.

b) Kontrolliere, ob in dem Bericht die Hinweise zum Schreiben eines Berichts (vgl. Kasten auf Seite 66) beachtet wurden. Korrigiere den Bericht.

c) Trenne die wichtigen von den unwichtigen Informationen. Lege dir dazu eine Tabelle mit den W-Fragen an und trage nur die Informationen ein, die auf die W-Fragen antworten.

START

W-Fragen	Stichpunkte
Was ist passiert?	Besuch auf einer Burg
...	...

d) Formuliere weitere W-Fragen, auf die man in diesem Bericht keine Antwort erhält.

START

Wann (an welchem Tag) fand der Ausflug statt?
Wer ...?

2 Schreibe den vollständigen Bericht sauber in dein Heft.

+ Wiederholen und vertiefen +++ Wiederholen und vertiefen +

Auf der B 14 in Richtung Nürnberg ist ein Unfall passiert.

„Was genau ist passiert?“

„…“

Gegen 18 Uhr bin ich mit meinem Mercedes auf der Fahrt nach Nürnberg von der Fahrbahn abgekommen. Es hatte den ganzen Tag geschneit und auf der Fahrbahn lag eine geschlossene Schneedecke. Ich lehnte mich gemütlich im Auto zurück und dachte daran, was ich alles einkaufen musste. Zwischen Rückersdorf und Behringersdorf befindet sich eine gut ausgebaute Rechtskurve. Bei Tempo 60 geriet ich wegen der glatten Fahrbahn auf die linke Straßenseite. Das war vielleicht eine blöde Kurve! Mein Wagen machte eine halbe Umdrehung und rammte einen Fahrbahnbegrenzungspfahl. Ich fühlte mich echt wie in einem Karussell. Dann stürzte ich mit voller Wucht eine hohe Böschung hinunter. Gott sei Dank hatte ich mich angeschnallt, sodass nur meine Brille zerbrochen ist. Aber mein schönes Auto ist jetzt völlig kaputt: Mindestens 10.000 Euro Sachschaden! Da wird meine Frau ganz schön schimpfen.

Merke!

Ein **Unfallbericht** muss knapp, aber genau sein. Er gibt darüber Auskunft, **wann**, **wo** und **was** mit **welchen Beteiligten** passierte und **welche Folgen** entstanden sind.

1 Welche weiteren W-Fragen muss die Polizistin noch an Herrn Maier stellen, damit sie alle Informationen für einen Unfallbericht erhält?

2 a) Nenne alle überflüssigen Informationen, die Herr Maier der Polizistin gegeben hat.

b) Begründe, warum sie nicht in einen Unfallbericht gehören.

Wiederholen und vertiefen +++ Wiederholen und vertiefen +

3 Schreibe einen Notizzettel mit den wichtigsten Stichpunkten zum Unfall. Ordne die Stichpunkte nach den W-Fragen.

4 Mit Hilfe ihrer Stichpunkte verfasst die Polizistin den Unfallbericht:

> Am 16. 02. 2004 um 18 Uhr ___ auf der B 14 in Richtung Nürnberg zwischen Rückersdorf und Behringersdorf ein Unfall. Herr Maier ___ bei ca. 60 km/h auf schneeglatter Fahrbahn mit seinem Wagen ins Rutschen. Er ___ die Rechtskurve falsch ___ und ___ auf die linke Fahrbahn. Dabei ___ er eine Böschung hinab. Er ...

stürzen
sich ereignen
geraten
kommen
einschätzen

a) Ergänze die Verben im Bericht. Verwende dabei das Präteritum.

b) Schreibe den Bericht mit Hilfe deiner Stichpunkte von Aufgabe 3 zu Ende.

Präteritum
▶ **S. 163**

5 Mindestens einen der folgenden Vorfälle hast du sicherlich auch schon so oder ähnlich erlebt. Setze **einen** der Textanfänge als Unfallbericht fort, indem du den Ablauf und die Folgen des Unfalls genau beschreibst. Denke daran, dass du alle W-Fragen beantworten kannst und dass du den Bericht im Präteritum schreibst.

- Zwei Inlineskater fuhren durch eine Fußgängerzone, in der viele Passanten unterwegs waren. ...
- Zwei Radfahrerinnen fuhren nebeneinander auf der Straße und unterhielten sich. ...
- Ein Autofahrer fuhr mit zu hoher Geschwindigkeit in einer engen Wohnstraße. ...
- Eine Skateboardfahrerin überquerte den Zebrastreifen, ohne den Verkehr zu beachten. ...

Sich und andere informieren

Auskünfte einholen

Es gibt verschiedene Möglichkeiten, Informationen einzuholen:

1 Tauscht euch über die Vor- und Nachteile der abgebildeten Möglichkeiten aus. Sammelt diese auf einem Stichpunktzettel.

Tipp

Stichpunktzettel

Vorteile	Nachteile
+	–
+	–
+	–

2 Ordne die Materialien den verschiedenen Informationsquellen zu, die in Aufgabe 1 abgebildet sind.

Kassettenrekorder, Telefonbuch, Karteikarten, Fotoapparat, Fragebogen, Stift, Textmarker, Notizblock, Drucker, Internetadressen, Klemmbrett, Computer

Telefonate führen	Experten befragen	Im Internet recherchieren	Texte auswerten
Telefonbuch ...	Klemmbrett ...	Drucker ...	Stift ...

Telefonisch Auskünfte einholen

1 Ein gutes Telefonat muss sorgfältig geplant werden.
Sortiere alle Informationen zu folgenden Arbeitsschritten:

- vor dem Gespräch: Zettel und Stift bereitlegen, …
- während des Gesprächs: …
- nach dem Gespräch: …

Daten in den Kalender übertragen

den Namen nennen

Zettel und Stift bereitlegen

verabschieden

Datum und Uhrzeit des Telefonats notieren

Fragen überlegen und notieren

nur wichtige Informationen notieren

Grund des Anrufs nennen

sich bedanken

Fragen höflich formulieren

nachfragen bei Unklarheiten

Namen des Gesprächspartners aufschreiben

2 Ihr möchtet eine Arbeitsplatzerkundung durchführen und euch zunächst telefonisch bei einem Betrieb erkundigen.
Führt mehrere Rollenspiele in der Klasse durch. Kontrolliert, ob alle Punkte für ein gelungenenes Telefongespräch eingehalten wurden.

3 Du möchtest Kfz-Meister Horchher am Arbeitsplatz aufsuchen und befragen. Was möchtest du wissen? Formuliere passende Fragen und spiele das Telefongespräch mit deiner Partnerin/deinem Partner als Rollenspiel nach.

Merke!

So führst du ein **Telefongespräch:**

- Guten Tag, mein Name ist …
- Spreche ich mit …?
- Könnte ich bitte mit Frau … sprechen?
- Ich rufe an, weil …
- Vielen Dank, wir sehen uns also dann am … um …
- Auf Wiederhören und vielen Dank.

Informationsquellen nutzen

1 Bilder auswerten

a) Nenne die genaue Bezeichnung der abgebildeten Berufe.

b) Beschreibe die Bilder. Was erfährst du über die Berufe?

c) Was wisst ihr noch über die beiden Berufe? Macht euch Stichpunkte

2 Diese Berufe sind sehr unterschiedlich.
Vergleiche sie in Form einer Tabelle.
Die Bilder, aber auch die Texte auf den nächsten Seiten helfen dir dabei.

	Zimmerer/Zimmerin	Frisör/-in
Arbeitskleidung	...	...
Arbeitsort	...	...
Arbeitsmittel	...	...
Arbeitsaufgaben	...	...
Voraussetzungen		

3 Im Internet Informationen suchen

Falls du keine Internetadresse hast, helfen dir so genannte Suchmaschinen, um genauere Informationen zu den Berufen zu finden. Einige bekannte Suchmaschinen sind Google, Yahoo, Lycos oder Fireball.

a) Suche unter der Adresse http://berufenet.arbeitsamt.de nach weiteren Informationen zum Beruf der Zimmerin/des Zimmerers bzw. der Frisörin/des Frisörs.

b) Wähle Informationen aus, die dir besonders wichtig sind. Markiere sie und drucke nur den markierten Bereich aus.

Tipp

Webadressen der Suchmaschinen:
www.google.de
www.yahoo.de
www.lycos.de
www.fireball.de

4 Experten befragen

Ich wollte eigentlich schon immer Zimmerin werden. Für die Ausbildung, die drei Jahre dauerte, musste ich einen guten Hauptschulabschluss vorlegen. Nach der Ausbildungszeit war es ganz toll, auf der Walz zu sein. Da habe ich viel erlebt. Aber schwindelfrei musst du unbedingt sein, sonst brauchst du diesen Beruf gar nicht erst zu erlernen. Mir gefällt besonders, dass ich jetzt im Team arbeiten darf. Letzte Woche haben wir zusammen einen Dachstuhl fertig gestellt. Bevor ich die Ausbildung begann, war ich kurze Zeit als ungelernte Arbeiterin beschäftigt. Da durfte ich den Zimmerern nur das Handwerkszeug reichen, Holz abladen und die Baustelle sauber machen.

a) Was spricht deiner Meinung nach dafür, den Beruf eines Zimmerers/einer Zimmerin oder eines Frisörs/einer Frisörin zu erlernen?

b) Erstelle eine Tabelle wie auf Seite 70 mit zwei anderen Handwerksberufen deiner Wahl. Benutze hierfür auch das Internet.

Tipp

Auf der Walz sein:
Nach altem Brauch sind Handwerksgesellen zu Fuß unterwegs, um bei anderen Meistern dazuzulernen.

Tipp

Informationsquellen:
- BIZ (Berufsinformationszentrum)
- Zeitschrift „Beruf aktuell"
- Sachtexte
- Internet

Ein Interview vorbereiten

Fragen formulieren

1 Du sollst ein Interview mit einem Experten durchführen und willst dich darauf entsprechend vorbereiten.
Welche Antwort gehört zu welcher Frage?

Merke!

Offene Fragen:
Eine Vielzahl von Antworten sind möglich. Häufig werden dafür W-Fragen verwendet.

Geschlossene Fragen:
Fragen, auf die man in einem normalen Gespräch nur „Ja“ oder „Nein“ als Antwort erhält.

2 Überlege, welche Frage sich besser eignet. Begründe.

3 Formuliere folgende geschlossene Fragen in W-Fragen um:

„Haben Sie eine besondere Arbeitskleidung?“
„Arbeiten Sie nur mit Holz?“
„Arbeiten Sie nur draußen?“
„Gibt es in Ihrem Beruf auch Nachteile?“
„Müssen Sie schwindelfrei sein?“
...

Einen Fragebogen erstellen

Folgende Gliederungspunkte kannst du als Grundlage für deine Fragestellungen im Interview verwenden:

- **Arbeitskleidung**
- **Arbeitsort**
- **Arbeitsaufgaben**
- **Arbeitsmittel**
- **Voraussetzungen**
- **Besonderheiten**
- **Nachteile**

1 Überlege dir passende Fragen zu den Gliederungspunkten und schreibe sie auf je eine Karteikarte.

2 Ordnet alle Karteikarten der Klasse in Form eines Clusters den jeweiligen Gliederungspunkten zu.

3 Wählt gemeinsam die besten Fragen aus und verwendet diese für euren Fragebogen. Achtet auf Übersichtlichkeit!

Tipp
Für einen **Cluster** schreibst du den Gliederungspunkt in die Mitte. Dann ordnest du die Karteikarten oder Stichpunkte darum herum.

FRAGEBOGEN ZUM BERUF …

1. ARBEITSKLEIDUNG
   - Wie sieht die Kleidung eines … aus?

   ....

2. ARBEITSORT
   - Wo arbeiten …?

   ....

3. ARBEITSAUFGABEN
   - …

   ....

Ein Interview durchführen

Merke!

Mit einem **Cluster** kannst du deine Ideen zu einem Thema sammeln. Fülle den Cluster von innen nach außen aus. Ganz innen steht der Oberbegriff für den Cluster (die „Überschrift"). Notiere in Stichworten.

1 a) Welche Berufe oder Tätigkeiten gibt es in deiner Familie?

b) Fertige eine ähnliche Zeichnung zu den Berufen oder Tätigkeiten in deiner Familie an.

2 a) Führe mit Hilfe des Fragebogens das Interview mit einem Familienmitglied durch.

b) Notiere die Antworten sofort in Stichpunkten auf deinem Fragebogen. Achte darauf, dass unsachliche Aussagen nicht verwendet oder umformuliert werden:

START

Schreibe statt: *„Sie hat doofe Arbeitszeiten."*
besser: *„Sie hat ungünstige Arbeitszeiten."*

3 Setzt euch in Gruppen zusammen. Stellt euch gegenseitig die Ergebnisse eurer Interviews vor.

Tipp

Nehmt eure Interviews mit einer Videokamera auf. Präsentiert sie der Klasse, so erkennt ihr, ob die Fragen richtig ausgewählt waren.

Informationen bearbeiten

Häufig sind die Informationen, die man durch ein Interview erhält, nicht ausreichend. Es gibt weitere Möglichkeiten der Informationsbeschaffung. Hier siehst du einen Ausschnitt eines Informationsblatts des Arbeitsamts.

Koch/Köchin

Aufgaben und Tätigkeiten im Überblick

Köche/Köchinnen verrichten alle Arbeiten, die zur Herstellung von Speisen gehören: Planung, Einkauf der Lebensmittel und Zutaten, Vorbereitung, Lagerhaltung. Sie kennen die Rezepte für Gerichte aller Art, zum Beispiel für Suppen, Soßen, Gebäck oder Süßspeisen. Sie stellen die Speisekarte zusammen, kochen, braten, backen und garnieren. In großen Küchen sind sie meist auf die Zubereitung bestimmter Speisen spezialisiert, auf Beilagen, Salate oder Fisch- und Fleischgerichte. Bei der Herstellung berücksichtigen sie die Maßgaben einer gesunden Ernährung sowie Umwelt- und wirtschaftliche Gesichtspunkte. Sie beachten die geltenden Hygienevorschriften, erarbeiten Menüvorschläge und kalkulieren diese. Darüber hinaus beraten sie selbstverständlich auch die Gäste.

Ihren Tätigkeitsbereich haben Köche/Köchinnen innerhalb des Hotel- und Gaststättengewerbes in Hotels, Pensionen, Restaurants, im sozialen Bereich, zum Beispiel in Krankenhäusern oder Altersheimen und im industriellen Bereich in Kantinen. Der Arbeitsplatz ist die Restaurant- oder Großküche.

Die Ausbildung im Überblick

Koch/Köchin ist ein anerkannter Ausbildungsberuf nach dem Berufsbildungsgesetz (BBiG). Er ist dem Berufsfeld Ernährung und Hauswirtschaft, Schwerpunkt Gastgewerbe und Hauswirtschaft, zugeordnet.

Eine schulische Ausbildung ist ebenfalls möglich. Die Ausbildung dauert 3 Jahre.

1 Schreibe in Stichpunkten die wichtigsten Aufgaben einer Köchin/eines Kochs aus dem Informationsblatt heraus.

2 Würde der Beruf der Köchin/des Kochs zu dir passen? Begründe deine Entscheidung.

Ein Informationsplakat erstellen

1 Sammelt verschiedene Möglichkeiten, wie man Informationen präsentieren kann.

START
- ein Plakat erstellen
- ...

2 a) Wenn Informationen in einem Plakat präsentiert werden, ist das besonders anschaulich.
Notiere Merkmale einer guten Plakatpräsentation.

Kennst du einen „haarigen" Beruf?

1. Arbeitsort
   - meist im Frisörsalon, aber auch in Beauty-Centern, Hotels, Krankenhäusern
2. Arbeitskleidung
   - ...
3. Arbeitsaufgaben
   - Pflegen und Schneiden der Haare
   - beraten Kunden bei der Wahl einer modischen Frisur
   - ...
4. Arbeitsmittel
   - Kamm, Schere, elektrische Schneidemesser
   - ...
   - ...
   - ...
   - Kundenkartei, Terminkalender
5. Voraussetzungen
   - Hauptschulabschluss
   - ...

Das ist das Berufsbild eines FRISÖRS!

b) Ergänze weitere Punkte, die in diesem Plakat noch fehlen.

c) Fertige ein Informationsplakat über den von dir ausgewählten Beruf an.

d) Hängt eure Plakate im Klassenzimmer auf und wertet sie aus.

Tipp zur Plakatpräsentation:
- Suche eine passende Überschrift.
- Gestalte farbig und übersichtlich.
- Verwende Oberbegriffe.
- Füge Bilder hinzu.
- Schreibe in Stichpunkten.
- Schreibe in großer, gut leserlicher Schrift.
- Bilder/Fotos erst legen, dann kleben!

Ein Kurzreferat halten

1 Vorbereitung eines Referates

- Nutze alle Informationsquellen, die dir zur Verfügung stehen.
- Notiere wichtige Stichpunkte übersichtlich auf Karteikarten.
- Überlege dir, an welchen Stellen des Referates du passendes Anschauungsmaterial zeigen kannst.
- Übe das Kurzreferat mit einer Partnerin/einem Partner. Überprüfe deine Vortragsweise auch vor dem Spiegel (Mimik und Gestik).

2 Hier siehst du eine Karteikarte, die für ein Kurzreferat über den Beruf des Gas- und Wasserinstallateurs gebraucht wird. Welche Anschauungsmaterialien könnte man im Referat seinen Zuhörerinnen und Zuhörern zeigen?

ARBEITSMITTEL:
- Werkzeuge: Sägen, Feilen, Hämmer, Zangen, Rohrschneider, Gewindeschneider, Wasserwaage, …
- Maschinen: Bohrmaschinen, Lötapparat, Schweißapparat, Biegemaschinen, …

Tipp
Anschauungsmaterialien können z.B. Fotos, Abbildungen in Zeitschriften oder Büchern oder passende Gegenstände sein.

3 Durchführung eines Referates

Beschreibe die drei Personen auf dem Bild. Was machen die Referenten hier falsch?

Ein Kurzreferat halten
▶ S. 96 ff.

Arbeitstechniken

Arbeitsanweisungen verstehen

Überarbeite.

konzentriert den Worten des Sprechers folgen

Schreibe in Stichpunkten.

Gemeinsamkeiten und Unterschiede herausfinden

Höre genau zu.

etwas in gekürzter Form aufschreiben

Vergleicht eure Tabellen in Partnerarbeit.

das Gelernte öfter und genauer üben

Vertiefe.

das Geschriebene prüfen und verbessern

1 Schreibe die Arbeitsanweisungen mit den richtigen Erklärungen in dein Heft.

2 Oft hat man eine Aufgabe falsch ausgeführt, weil man die Arbeitsanweisung nicht richtig verstanden hat. Folgende Beispielaufgaben sollten deshalb genau gelesen werden:

> **1** **Notiere stichpunktartig** die Ursachen des Streits zwischen den Hauptpersonen des Textes.
>
> **2** **Fasse** die Meinungen der beiden Hauptpersonen **in wenigen Sätzen zusammen.**
>
> **3** **Fasse** den Inhalt des Textes **in einigen Sätzen zusammen.**

a) Bei allen drei Aufgaben sollst du dich kurz fassen. Nenne die entsprechenden Formulierungen in den Arbeitsanweisungen.

b) Bei zwei Aufgaben musst du dich nur mit einem Teilaspekt befassen. Notiere:

Bei Aufgabe ..., denn es geht um ..., und bei Aufgabe ...

3 a) Suche aus diesem Buch drei weitere Aufgaben mit unterschiedlichen Arbeitsaufträgen heraus.

b) Lies deiner Partnerin/deinem Partner die Aufträge vor. Sie/er soll dir mit eigenen Worten erklären, was getan werden muss.

4 a) Schreibe die fünf genannten Schritte der Arbeitstechnik „Einen Cluster zeichnen“ in der richtigen Reihenfolge auf, sodass sie gut verständlich sind.

START
1. Schreibe in die Mitte …
2. …

b) Beschreibe, welchen Nutzen das Anfertigen eines Clusters haben kann.

c) Fertige jetzt selbst einen Cluster, z. B. zum Thema „Der menschliche Körper“, an.

START

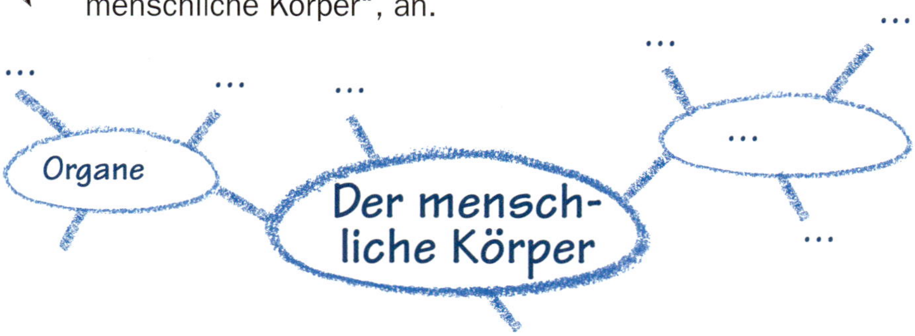

Merke!

Mit einem **Cluster** kannst du deine Ideen zu einem Thema sammeln. Fülle den Cluster von innen nach außen aus. Ganz innen steht der Oberbegriff für den Cluster (die „Überschrift“). Notiere in Stichworten.

Nachschlagen

1 a) Wo könnten die Schülerinnen und Schüler die fehlenden Informationen nachschlagen?

b) Welche Informationen findet man in den abgebildeten Nachschlagewerken?

Ordnen nach dem Alphabet

1 Stelle für deine Partnerin/deinen Partner eine ungeordnete Wortliste zusammen, die sie/er nach dem Alphabet ordnen soll. Du kannst Städte-, Tier- oder Pflanzennamen, auch Sportarten oder Lieblingsgerichte für diese Liste auswählen.

2 a) Ordne die folgenden Wörter alphabetisch.
Du kannst auch mit deiner Partnerin/deinem Partner einen Wettbewerb mit Stoppuhr veranstalten.

Gruß **Gruft** **grunzen** **Grütze** **Gasse**
Gemeinschaft **Gaslampe** **Gorilla** **Gänsehaut**
grau **gemeinsam** **Grille** **Grotte** **gruselig**

b) Nach welcher Reihenfolge hast du sortiert? Kontrolliere die Reihenfolge der Wörter mit dem Wörterbuch.

Merke!
ä, äu, ö, ü stehen im Wörterbuch bei a, au, o und u, ß steht bei s.

3 a) Das folgende Alphabet nennt man Buchstabieralphabet. Überlege, wozu es nützlich sein könnte.

A wie Anton
B wie Berta
C wie Cäsar
D wie Dora
E wie Emil
F wie Friedrich
G wie Gustav
H wie Heinrich
I wie Ida
J wie Julius
K wie Kaufmann
L wie Ludwig
M wie Martha
N wie Nordpol
O wie Otto
P wie Paula
Q wie Quelle
R wie Richard
S wie Siegfried
T wie Theodor
U wie Ulrich
V wie Viktor
W wie Wilhelm
X wie Xanthippe
Y wie Ypsilon
Z wie Zacharias

Tipp
Xanthippe:
Frau eines griechischen Gelehrten, die als streitsüchtig galt.

b) Diktiert euch gegenseitig eure Vor- und Zunamen mit dem Buchstabieralphabet.

Sich im Wörterbuch orientieren

erstes Stichwort auf der Doppelseite

Leitwörter

Zement

Ze|ment der *lat.*, des Zement(e)s: Baustoff; **ze|men|tie|ren** einen Sockel zementieren
Ze|nit der *arab.*: höchster Scheitelpunkt des Himmelsgewölbes; die Sonne steht im Zenit
zen|sie|ren *lat.*; **Zen|sur** die: er bekam eine gute Zensur (Note, Bewertung)
Zen|ti|me|ter das/der *lat.*: Längenmaß, *Abk.* cm
Zent|ner der: Maßeinheit, *Abk.* Ztr. (1 Ztr. = 50 kg); **zent|ner|schwer**
zent|ral *oder* zen|tral *griech.*: im Zentrum, in der Mitte; er wohnt sehr zentral; **Zent|ra|le** *oder* Zen|tra|le die: zentrale Stelle, z. B. die Taxizentrale; **Zent|ral|hei-zung** *oder* Zen|tral|hei|zung die; **Zent-ral|ner|ven|sys|tem** *oder* Zen|tral|ner|ven-sys|tem das: alle Nervenzellen des Gehirns und Rückenmarks; **Zent|rum** *oder* Zen-trum das, die Zentren: Mittelpunkt
Zep|pe|lin der: lenkbares Luftschiff, so genannt nach seinem Erbauer Graf Zeppelin

Zep|ter das *griech.*: Stab als Herrschaftssymbol; das Zepter schwingen (die Leitung haben)
zer|bre|chen (→ brechen); **zer|brech|lich**
zer|dep|pern der Hagel zerdepperte (*ugs.* zerschlug) Unmengen von Fenster- und Autoscheiben
ze|re|bral *oder* ze|reb|ral *lat.*: *(med.)* das Gehirn oder das Großhirn betreffend; zerebrale Ausfälle
Ze|re|mo|nie die *lat.*, die Zeremonien: feierliche Handlung; **ze|re|mo|ni|ell** förmlich, feierlich ablaufend; **Ze|re|mo|ni|ell** das: Regeln und Formen bestimmter feierlicher Handlungen
zer|fah|ren sie wirkt zerfahren (unkonzentriert)
Zer|fall der; **zer|fal|len** (→ fallen); **Zer-falls|rei|he** die: *(Atomphys.)* durch Kernzerfall entstehende Folge von radioaktiven Stoffen
zer|fled|dern ich zerfleddere: er trug zerfledderte (*ugs.* abgenutzte, kaputte) Schuhe, ein zerfleddertes (aus dem Leim gegangenes) Buch
zer|fur|chen ein zerfurchter (vom Traktor zerstörter) Acker, sein Gesicht war von tiefen Falten zerfurcht
zer|klei|nern zerkleinertes Gemüse
zer|klüf|tet die Felsküste ist zerklüftet
zer|knirscht sie machte ein zerknirschtes (schuldbewusstes) Gesicht
zer|knit|tern ein zerknitterter Mantel, er kam ganz zerknittert (*ugs.* niedergeschlagen) aus dem Direktoratszimmer
zer|knül|len
zer|las|sen Fett in der Pfanne zerlassen (schmelzen)
zer|leg|bar; Zer|leg|bar|keit die; **zer|le-gen; Zer|le|gung** die
zer|lö|chern zerlöcherte Socken
zer|lumpt ein zerlumpter Bettler (*ugs.* ein Bettler in zerrissener Kleidung
zer|mal|men völlig zerdrücken
zer|mür|ben die Warterei zermürbte ihn (zerrte an seinen Nerven)
zer|pflü|cken er zerpflückte ihre Argumente (untersuchte diese Punkt für Punkt und lehnte sie schließlich ab)
zer|quet|schen die Trauben wurden in der Kelter zerquetscht, *aber:* der Stuhl hat mich hundert Mark und ein paar Zerquetschte gekostet (*ugs.* etwas über 100 Mark)
Zerr|bild das; **zer|ren** sie zerrten ihn ins Auto, sich einen Muskel zerren (zu stark dehnen); **Zer|rung** die
zer|rei|ßen (→ reißen)
zer|rin|nen zerronnene (aufgelöste) Butter, Stunden zerrinnen (gehen vorbei)
zer|rüt|ten ihre Nerven sind zerrüttet (sie ist völlig erschöpft)
zer|schel|len das Glas zerschellt am Boden
zer|schla|gen (→ schlagen)
zer|schmet|tern
zer|schnei|den
zer|set|zen tote Körper zersetzen sich (verfaulen), zersetzende (die Moral untergrabende) Äußerungen
zer|split|tern eine zersplitterte Lampe
Zer|stäu|ber der: z. B. Parfümzerstäuber
zer|stö|ren; Zer|stö|rung die
zer|streu|en die Menge zerstreute sich (lief auseinander), er nickte zerstreut (wie abwesend); **Zer|streu|ung** die: sich eine Zerstreuung (einen Zeitvertreib) suchen
Zer|ti|fi|kat das *lat.*, des Zertifikat(e)s, die Zertifikate: amtliche Bescheinigung, Diplom, Zeugnis
zer|trüm|mern
Zer|ve|lat|wurst / Ser|ve|lat|wurst die *ital.*: Dauerwurst
Zer|würf|nis das, des Zerwürfnisses, die Zerwürfnisse: Entzweiung, Bruch
zer|zau|sen durcheinander bringen
ze|tern schimpfen, jammern
Zet|tel der *lat.*; **Zet|tel|wirt|schaft** die: viele ungeordnete Notizen
Zeug das, des Zeug(e)s: sie hat das Zeug (Talent) zur Fotografin, sich tüchtig ins Zeug legen (sich sehr bemühen)
Zeu|ge der, des/die Zeugen: er wird als Zeuge aussagen; **zeu|gen** ein Kind zeugen, das zeugt für (zeigt) seinen guten Willen; **Zeu|gin** die; **Zeug|nis** das, des Zeugnisses, die Zeugnisse; **Zeu|gung** die
z. H. / z. Hdn. *Abk. für* zu Händen
Zick|zack der: im Zickzack fahren; **zick-zack|för|mig**
Zie|ge die; **Zie|gen|bock** der; **Zie|gen|pe-ter** der: Mumps (Kinderkrankheit)
Zie|gel der; **Zie|ge|lei** die; **zie|gel|rot**
zie|hen du ziehst, sie zog, gezogen, er zöge: er wurde an den Ohren gezogen, an der Zigarette ziehen, es zieht (der Wind bläst) durch die Ritzen; **Zieh|har|mo|ni-ka** die; **Zie|hung** die: die Ziehung der Lottozahlen
Ziel das, des Ziel(e)s: über das Ziel hinausschießen (die Grenze des Erlaubten oder Vernünftigen weit überschreiten); **ziel-be|wusst** am zielbewusstesten; **zie|len; Ziel|fern|rohr** das; **ziel|los; ziel|si|cher; ziel|stre|big**
zie|men sich: es ziemt sich nicht (gehört sich nicht) zu lauschen
ziem|lich es ist ziemlich kalt
Zier die; **Zier|de; zie|ren** zier dich doch nicht so (lass dich nicht so lange bitten); **zier|lich** klein und fein; **Zier|rat** der: Verzierung, Schmuck; **Zier|schrift** die; **Zier|strauch** der
Zif|fer die *arab.*; **Zif|fer|blatt** das
Zi|ga|ret|te die *franz.*; **Zi|ga|ret|ten|stum-mel** der; **Zi|ga|ril|lo** der/die *span.*: kurze dünne Zigarre; **Zi|gar|re** die

Zirkus

Zi|geu|ner der; **Zi|geu|ne|rin** die: *abwertend für* Angehörige der Roma und Sinti
Zi|ka|de die *lat.*, die Zikaden: grillenähnliches kleines Insekt
Zim|mer das; **Zim|me|rei** die; **Zim|me|rer** der; **Zim|mer|mann** der, die Zimmerleute; **zim|mern**
zim|per|lich sei nicht so zimperlich (empfindlich)
Zimt der, des Zimt(e)s: Gewürz aus der Zimtbaumrinde

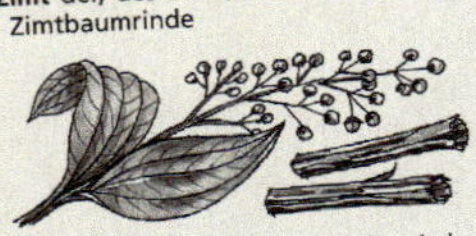

Zink das, des Zink(e)s: Metall, chemischer Grundstoff; *Zeichen* Zn
Zin|ke die: Zacke
Zinn das: chemischer Grundstoff, Schwermetall; *Zeichen* Sn
Zin|no|ber der *pers.*: meist hellrotes Mineral, hellrote Farbe; **zin|no|ber|rot**
Zins der *lat.*, die Zinsen: Betrag, den man für eine Spareinlage erhält oder für einen Kredit zahlen muss; etwas mit Zins und Zinseszins zurückzahlen (sich gehörig rächen für etwas); **Zin|ses|zins** der: Zinsen auf Zinsen; **Zins|for|mel** die: Berechnungsart für Tageszinsen; **zins|los; Zins|satz** der: Prozentsatz für geliehenes oder verliehenes Geld
Zi|o|nis|mus der *hebr.*: 1. historische jüdische Bewegung für die Schaffung eines nationalen jüdischen Staates in Palästina 2. politische Richtung im modernen Israel; **Zi|o|nist** der, die Zionisten; **Zi|o-nis|tin** die
Zip|fel der; **zip|fe|lig / zipf|lig**
Zip|per|lein das: *ugs.* die Gicht
Zir|bel|drü|se die: *(med.)* Drüse im Zwischenhirn
zir|ka / circa: etwa, ungefähr, *Abk.* ca.
Zir|kel der *griech.*: 1. Zeichen- oder Messgerät 2. Kreis, Ring; einen Zirkel bilden 3. Personengruppe mit gleichen Interessen; ein künstlerischer Zirkel
Zir|kus / Cir|cus der *lat.*, des Zirkus, die Zirkusse: der Zirkus ist in der Stadt, *ugs.* mach keinen solchen Zirkus (Wirbel)!;

A B C D E F G H I J K L M N O P Q R S T U V W X Y Z

460 461

letztes Stichwort auf der Doppelseite

Merke!

In vielen **Wörterbüchern** stehen auf jeder Doppelseite oben links und oben rechts einzelne Wörter. Sie heißen **Leitwörter** und helfen dir beim Suchen.

1 a) Auf welcher Seite und zwischen welchen Leitwörtern stehen in eurem Wörterbuch folgende Wörter?

Rätsel **Blüte** **schlürfen** **trainieren**
Attraktion **nörgeln** **kariert**

b) Öffne das Wörterbuch an einer Stelle und diktiere deiner Partnerin/deinem Partner die beiden Leitwörter der Doppelseite. Diese/dieser hat eine Minute Zeit, um so viele Wörter wie möglich zu notieren, wie zwischen den Leitwörtern zu finden sind.
Überprüft gemeinsam die Antworten mit dem Wörterbuch, dann wechselt die Rollen.

2 Beantworte folgende Fragen mit Hilfe der abgebildeten Wörterbuchseite:

- Welche Wörter werden auch durch Bilder erklärt?
- Wie lauten die drei Bedeutungen von *Zirkel?*
- Wie heißt der Plural (die Mehrzahl) von *Zentrum* und von *Zirkus?*
- Was bedeutet die Redensart *etwas mit Zins und Zinseszins zurückzahlen?*
- Welches Adjektiv gehört zum Wort *die Zier?*
- Zwischen welchen Stichwörtern stehen die Wörter *Ziehharmonika – Zinke – zerknittern – zersplittern?*

3 Unter dem Stichwort *ziehen* findest du viele Angaben. Beispielsweise erfährst du:

- die Personalform → du ziehst, sie zog, gezogen
- Zusammensetzungen → Ziehharmonika
- andere Wortverwandte → Ziehung

a) Schlage in deinem Wörterbuch die Verben *fliegen, tragen, jagen, reden* und *essen* nach und trage die dazugehörigen Angaben in die Tabelle ein.

	Personalformen	Zusammen-setzungen	Andere Wortverwandte
fliegen	...	Fliegengewicht, ...	Flieger, ...
tragen	...	...	...
jagen	...	...	...
reden	...	...	...
essen	...	...	...

b) Schlage drei weitere Verben deiner Wahl im Wörterbuch nach und verfahre wie bei Aufgabe 3 a).

Tipp
Aussprache: [ ]
Trennung: |
Worterklärung: (…)
Herkunft des Wortes: ‹ … ›
Genitiv: - …
Artikel
Plural

Hinweise verstehen

Zum Wort „Snowboard" findest du im Wörterbuch folgenden Eintrag:

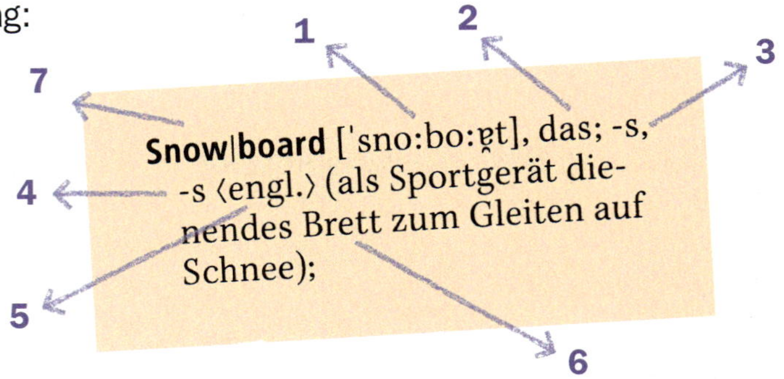

1 Ordne die Angaben aus der Randspalte den Ziffern zu.

2 Was erfährst du bei den folgenden Wörtern?

> **⁴At|las,** der; *Gen.* - *u.* …lasses, *Plur* …lasse *u.* …lanten (Sammlung geografischer Karten [als Buch]; Bildtafelwerk)

> **Mu|se|um,** das; -s, …een ‹griech.› ([der Öffentlichkeit zugängliche] Sammlung von Altertümern, Kunstwerken o. Ä.)

> **Per|for|mance** [pə'fɔ:məns], die; -, -s ‹engl., Vorführung› (einem Happening ähnliche künstlerische Aktion)

> **Am|phi|the|a|ter** ‹griech.› (elliptisches, meist dachloses Theatergebäude mit stufenweise aufsteigenden Sitzen)

a) Lege eine Tabelle an und notiere die Angaben aus dem Wörterbuch.

Wort	Artikel	Trennung	Plural	Herkunft	Worterklärung
Atlas	der	At-las	…	…	…
…	…	…	…	…	…

b) Löse folgende Aufgaben mit Hilfe des Wörterbuchs:
- Aus welcher Sprache stammt das Wort *Tee*?
- Wie trennt man das Wort *Stewardess*?
- Wie heißt der Plural des Wortes *Globus*?
- Wie heißt der Artikel des Wortes *Geschwulst*?

Die richtigen Stichwörter finden

1 a) Suche in deinem Wörterbuch die Wörter, aus denen diese Nomen zusammengesetzt sind. Notiere, unter welchen Stichwörtern und auf welchen Seiten du die Wörter gefunden hast.

Bundesligatrainer **Knallerbsenstrauch** **Toilettenspülung**

Arbeitsbeschaffungsmaßnahme **Lexikonartikel**

b) Nenne deiner Partnerin/deinem Partner drei weitere zusammengesetzte Nomen, die ebenso im Wörterbuch nachgeschlagen werden sollen.

Abkürzungen verstehen

1 In Kleinanzeigen finden sich häufig Abkürzungen, um teuren Platz zu sparen. Kennst du die Bedeutung der Abkürzungen, die in der Anzeige verwendet wurden?
Schreibe sie mit der richtigen Erklärung in einer Tabelle auf.

Burg Hohenstein
** **Waffenschmiede (Gast im Schloss)**
Burgstr. 12, in der Burgruine, ✉ 65329, Tel. (0 61 20) 33 57, Fax 63 30, DC ED VA
Hauptgericht 35€; P Terrasse; geschl.: Mo., Di., Anfang Jan.–Mitte Feb., Ende Juli
** 8 Zi., Ez: 120–130, Dz: 210, WC ☎; 1 10
Rezeption: 10–24; geschl.: Mo. + Di., Anfang Jan.–Mitte Feb., Ende Juli

Abkürzung	Erklärung
geschl.	geschlossen

2 a) Auf welcher Seite werden in deinem Wörterbuch Abkürzungen erklärt?

b) Finde die Bedeutung der folgenden Abkürzungen heraus und schreibe sie in dein Heft.

Anm. **Abk.** **betr.** **bes.** **evtl.** **ev.** **jmd.**

Pl. **kath.** **Sg.** **lat.** **inkl.** **u. A. w. g.**

ugs. **usw.** **vgl.** **urspr.** **chin.**

Im Internet Informationen suchen

Suchmaschinen für Kinder

Max möchte im Fach PCB ein Kurzreferat zum Thema „Wasserkreislauf“ halten. Nützliche Informationen will er sich mit Hilfe von Suchmaschinen beschaffen, die automatisch nach Internetseiten zu bestimmten Stichwörtern suchen. Max entscheidet sich für „Die Blinde Kuh“, eine Suchmaschine für Kinder.

Tipp
Suchmaschinen für Kinder:
www.blinde-kuh.de
www.spielstrasse.de
www.seitenstark.de

Bei dieser Suchmaschine erhält Max vier Treffer auf der Ergebnisliste.

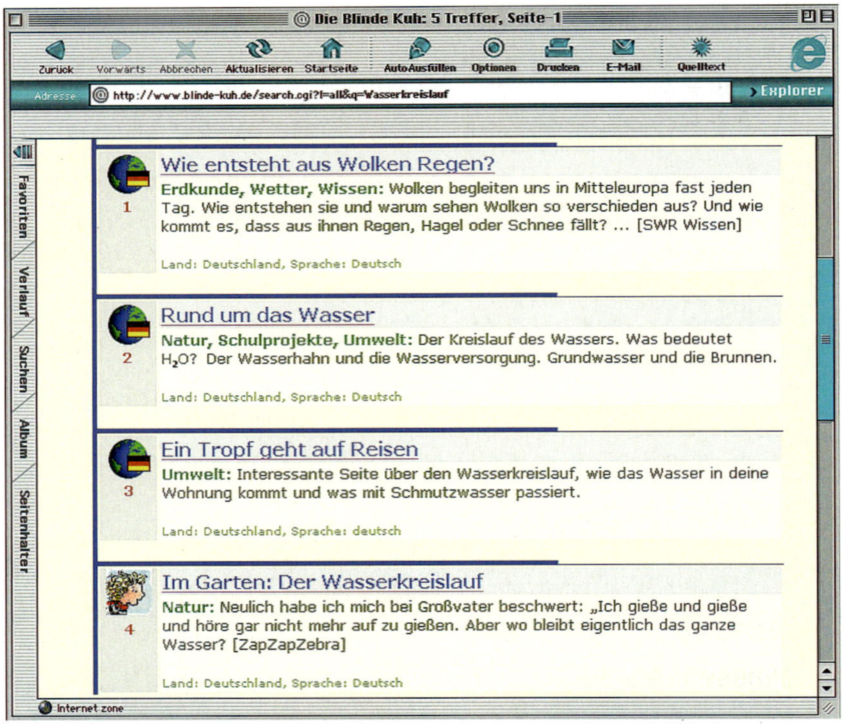

1 Lies die Kommentare zu den jeweiligen Treffern durch. Welche Seite würdest du als Erstes „anklicken“? Begründe deine Wahl.

2 Max hat sich für zwei Treffer entschieden.

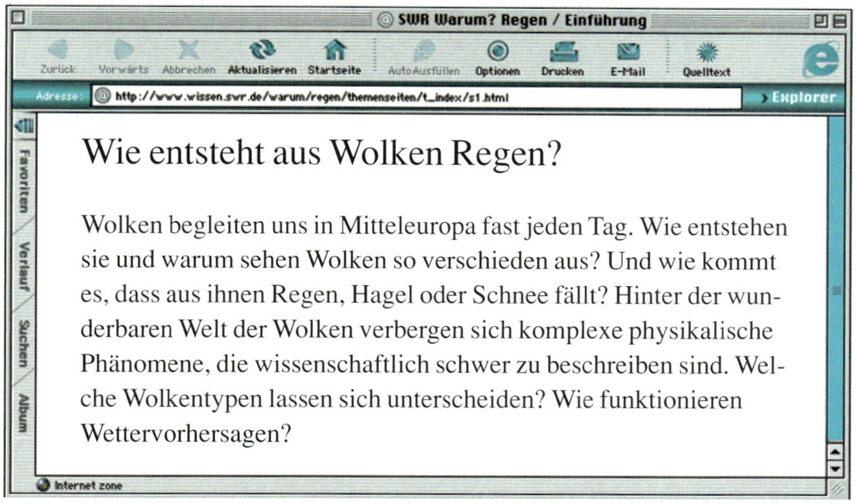

Wie entsteht aus Wolken Regen?

Wolken begleiten uns in Mitteleuropa fast jeden Tag. Wie entstehen sie und warum sehen Wolken so verschieden aus? Und wie kommt es, dass aus ihnen Regen, Hagel oder Schnee fällt? Hinter der wunderbaren Welt der Wolken verbergen sich komplexe physikalische Phänomene, die wissenschaftlich schwer zu beschreiben sind. Welche Wolkentypen lassen sich unterscheiden? Wie funktionieren Wettervorhersagen?

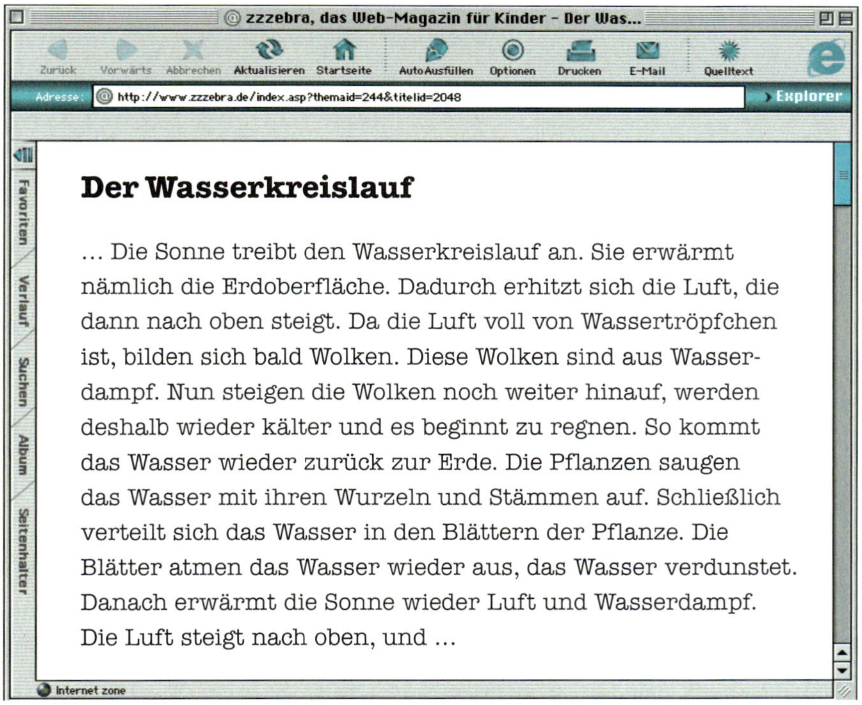

Der Wasserkreislauf

... Die Sonne treibt den Wasserkreislauf an. Sie erwärmt nämlich die Erdoberfläche. Dadurch erhitzt sich die Luft, die dann nach oben steigt. Da die Luft voll von Wassertröpfchen ist, bilden sich bald Wolken. Diese Wolken sind aus Wasserdampf. Nun steigen die Wolken noch weiter hinauf, werden deshalb wieder kälter und es beginnt zu regnen. So kommt das Wasser wieder zurück zur Erde. Die Pflanzen saugen das Wasser mit ihren Wurzeln und Stämmen auf. Schließlich verteilt sich das Wasser in den Blättern der Pflanze. Die Blätter atmen das Wasser wieder aus, das Wasser verdunstet. Danach erwärmt die Sonne wieder Luft und Wasserdampf. Die Luft steigt nach oben, und ...

a) Lies die beiden Texte genau durch. Welchen der beiden Texte kann Max für seinen Kurzvortrag zum Thema „Der Wasserkreislauf" verwenden? Begründe.

b) Rufe nun die anderen Webseiten aus der Ergebnisliste der Suchmaschine „Die Blinde Kuh" auf und überprüfe, ob weitere nützliche Informationen zum Thema „Wasserkreislauf" zu finden sind.

Tipp
Freie Suchmaschinen sind z.B.:
www.msn.de
www.fireball.de
www.yahoo.de
www.web.de

Tipp
Durch einen Klick auf einen unterstrichenen Link kommst du auf weitere Internetseiten, z.B.:
www.wasser-wissen.de
Links sind Querverbindungen zwischen verschiedenen Seiten im Internet.

Suchmaschinen vergleichen

Bisher hat Max den Umgang mit der Suchmaschine für Kinder kennen gelernt. Er will aber auch eine andere Suchmaschine ausprobieren. Er gibt die Internetadresse www.google.de ein und schreibt auch hier ins Eingabefeld den Suchbegriff: „Wasserkreislauf“.

1 a) Wie viele Treffer werden angegeben?

b) Gib selbst das Stichwort „Wasserkreislauf“ ein und teste deine ersten vier Treffer.
- Welche Seiten enthalten Informationen, die auch wirklich zum Thema „Wasserkreislauf“ passen?
- Bewerte die Suchergebnisse mit den Noten 1 (sehr gut) bis 6 (sehr schlecht).

c) Klicke selbst weitere Treffer deiner Wahl an und bewerte sie!

2 Max sitzt sehr lange Zeit vor dem Computer. Er fühlt sich hilflos. Kannst du dir denken, warum?

3 a) Übernimm diesen Bewertungsbogen zum Vergleich von Suchmaschinen in dein Heft und fülle ihn aus.

	Freie Suchmaschine „Google“	Kinder-Suchmaschine „Blinde Kuh“
Anzahl der gefundenen Treffer:	…	…
Beurteilung der Kommentare zu den Treffern:	…	…
Zum Inhalt der Seiten		
Länge:	…	…
Verständlichkeit:	…	…
Anschaulichkeit:	…	…
Gründlichkeit:	…	…
Gesamturteil:	…	…

b) Vergleiche die Suchmaschinen „Die Blinde Kuh“ und „Google“. Wähle drei der jeweils angebotenen Internetseiten zum Stichwort „Wasserkreislauf“ aus und bewerte sie mit Hilfe des Bewertungsbogens.

c) Werte deine Ergebnisse mit deiner Klasse aus.

Tipp

Deine Suche nach nützlichen Informationen und passenden Internetseiten kann häufig besser eingegrenzt werden, wenn du mehrere treffende Begriffe in die Suchmaschine eingibst.

Informationen aus Texten entnehmen

1 Bearbeite die Texte in folgenden Schritten:

So kannst du Informationen aus Texten entnehmen:

1. Lies jeden einzelnen Textabschnitt aufmerksam durch. Kläre, worum es geht.
2. Kläre dir unbekannte Wörter.
3. Gib jedem Abschnitt eine passende Überschrift.
4. Notiere zu jedem Abschnitt Stichpunkte über den römischen Alltag.

Tipp
Stichpunkte sind einzelne wichtige Wörter, die du aufschreibst. So kannst du dir den Inhalt eines Textes besser merken.

START Zu Text A: Essgewohnheiten der Römer – Männer liegend

A Der vornehme Römer aß liegend, den linken Ellbogen aufgestützt. Jahrhundertelang saßen die Frauen bei der Mahlzeit auf Stühlen, erst in der Zeit der römischen Kaiser durften sie mit auf das Sofa. Kinder aßen in der Küche. Man aß mit den Fingern. Für flüssige Speisen gab es Löffel. Auch Servietten waren gebräuchlich. Gäste brachten ihre eigenen Servietten mit und benutzten sie gleichzeitig, um Speisereste mit nach Hause zu nehmen.

B In der römischen Grundschule konnten Kinder von 7 bis 15 Jahren lesen, schreiben und rechnen lernen. Der Unterricht dauerte vom Morgengrauen bis zum Mittag und bedeutete viel Auswendiglernen und Prügel für schlechte Leistungen. Die Armen besuchten meist keine Schule, sie mussten schon früh arbeiten. Aber es kam auch vor, dass Eltern ihre Kinder nicht ernähren konnten und sie deshalb in der Wildnis aussetzten.

C Manch einer, der heute ein Buch oder die Zeitung liest, lehnt sich bequem zurück, hört Musik und blättert an uninteressanten Stellen einfach weiter. Die Römer hatten es beim Lesen nicht so einfach und bequem wie wir heute. Durch das Halten und Aufrollen der aneinander geklebten Papyrusblätter waren ihnen beim Lesen buchstäblich die Hände „gebunden". Außerdem las man nicht stumm, sondern laut, selbst wenn man ganz alleine im Raum war.

D 264 v. Chr. fand nachweislich der erste Gladiatorenkampf in Rom statt. Den passenden Rahmen lieferten die großen Amphitheater, die es praktisch in jeder größeren Stadt gab. In einem römischen Amphitheater war immer etwas los. Vormittags gab es Tierhetzen, um die Mittagszeit Hinrichtungen und am Nachmittag die Gladiatorenkämpfe. Das berühmteste Amphitheater war das Kolosseum in Rom. Unter der Arena gab es ein gut durchdachtes System von Gängen und Kammern, in denen Gladiatoren und Tiere auf ihren Auftritt warteten. Es gab sogar Aufzüge, die mit Seilwinden betrieben wurden.

2 Gib mit Hilfe deiner Stichpunkte eine kurze Beschreibung des römischen Alltags.

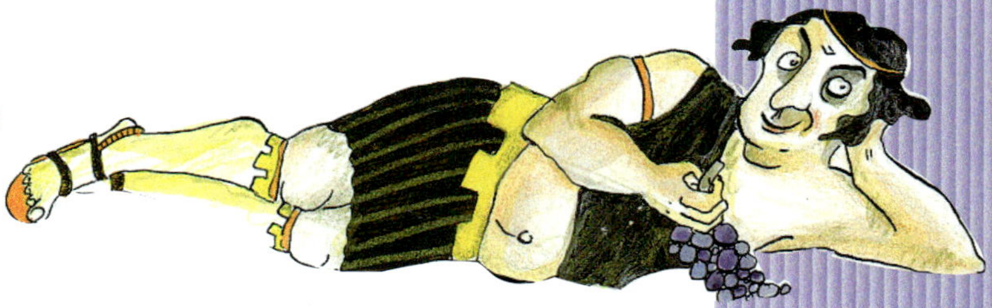

Vom Soldaten zum Bürger

Heiß geht es her im Ruheraum der Thermen von Biriciana. Gaius begrüßt seine Freunde: „Salve, meine Freunde. Auch du, Mogetissa! Endlich bist auch du römischer Staatsbürger.“ „Ja, das ist Rom! Auch ein Fremder kann Bürger werden“, warf der Angesprochene ein. „25 Jahre Militärdienst ist kein Honiglecken. Aber nun ist es geschafft. Auch die Namen meiner Frau und meiner Tochter stehen auf der Bronzetafel, die ich zur Ernennung zum Bürger erhalten habe.“ Livius kommt aus dem Abkühlbecken und lässt sich neben seinen Freunden nieder. „Na, Römer, und was kommt jetzt?“ Voll Eifer erzählt Mogetissa von seinen Plänen, sich als freier Bauer im Römischen Reich niederzulassen. „Hier am Limes sind wir in Sicherheit vor den germanischen Völkern, Donau und Altmühl sind nah und der Kaiser ist weit genug entfernt in Rom. Als römischer Bürger stehe ich ja ganz anders da. Aber jetzt holen wir den Bademeister. Ich brauche meine Ölmassage nach dieser Schwitzkur.“

Tipp
Thermen: warme Bäder im antiken Rom

Tipp
Limes: von den Römern angelegter Grenzwall gegen die Germanen

3 a) Notiere in Stichpunkten:

- Wo findet das Gespräch statt?
- Wer beteiligt sich daran?
- Worüber freut sich Mogetissa?

b) Erkläre den Unterschied zu den anderen Texten.

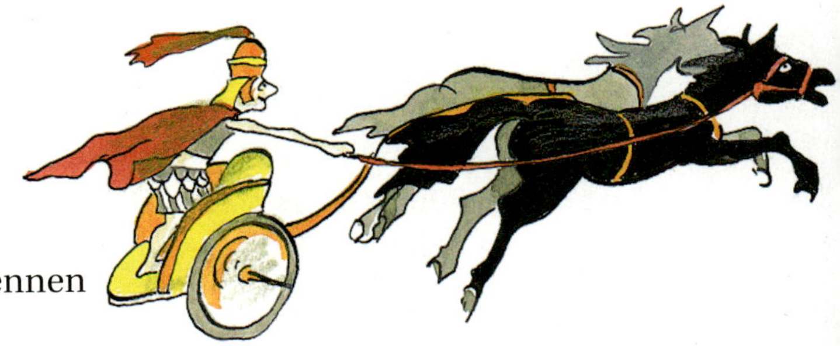

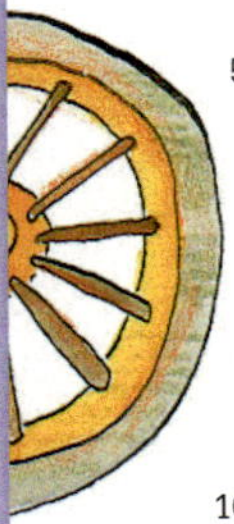

Der Circus Maximus

Der Circus Maximus in Rom war die größte Rennbahn für Wagenrennen im Römischen Reich. Die Bahn war etwa 600 m lang, 350 m breit und in der Mitte geteilt. Damit war sie viermal so groß wie das Kolosseum und größer als unsere heutigen Sportstadien. Mehr als 200 000 Menschen konnten von den Tribünen aus die Rennen verfolgen. An Feiertagen strömten die Bürger Roms in die Arena, um sich zu vergnügen. Männer und Frauen saßen nebeneinander auf mit Kissen gepolsterten Marmorbänken. Neben freiem Eintritt gab es kostenlos Brot oder gelegentlich auch andere Speisen. Damit wollte sich der Kaiser bei seinen Untertanen beliebt machen. Pro Renntag wurden 24 Rennen veranstaltet. Jedes Rennen ging über sieben Runden und es nahmen bis zu zwölf Wagen daran teil. Diese fuhren gegen den Uhrzeigersinn im Kreis herum und erreichten eine Geschwindigkeit von bis zu 75 km/h. Der Wagenlenker stand dabei auf einem leichten Wagen, der von zwei oder vier Pferden gezogen wurde. Viel Geschick war notwendig, um das Gespann in vollem Galopp um die engen Kurven zu lenken. Häufig passierten dabei schwere Unfälle: Beim Überholen wurden andere Wagen gerammt, es gab Massenkarambolagen und Stürze. Teilweise wurden auch Dolche an den Radnaben befestigt, die beim engen Vorbeifahren die Räder der anderen zertrümmerten. Verletzte und Tote waren dabei an der Tagesordnung. Das Volk jubelte begeistert, wenn Blut floss, und spornte die Wagenlenker zu immer waghalsigeren Manövern an. Hohe Wetten wurden abgeschlossen, deshalb verfolgten die Besucher gespannt jedes Rennen. Die Lenker wurden lautstark angefeuert, die Sieger bejubelt. Neben einer „Siegespalme“ erhielten die siegreichen Wagenlenker viel Geld und wurden nicht selten richtige Stars. Die Wagenlenker waren häufig Sklaven, die sich mit ihrem Preisgeld die Freiheit erkaufen konnten.

1 a) Lies den Text aufmerksam durch. Worum geht es?

b) Schlage die Wörter nach, die dir unbekannt sind.

Nachschlagen
▶ S. 82 ff.

2 Gliedere den Text in vier Abschnitte, zu denen folgende Überschriften passen:

Die größte Rennbahn
Brot und Spiele für die Bürger Roms
Wagenrennen und Wagenlenker
Wetteinsätze und Preisgelder

START Die größte Rennbahn: Zeile 1 bis …

3 a) Schreibe die Überschriften mit dem PC ab.
Lass jeweils einige Zeilen Platz und schreibe in Stichpunkten die wichtigsten Informationen dazu.

b) Gestalte deinen Text.

Tipp
Texte können z. B. gestaltet werden durch:
- Schriftarten
- Schriftgrößen
- Hervorhebungen (fett, kursiv, unterstrichen)

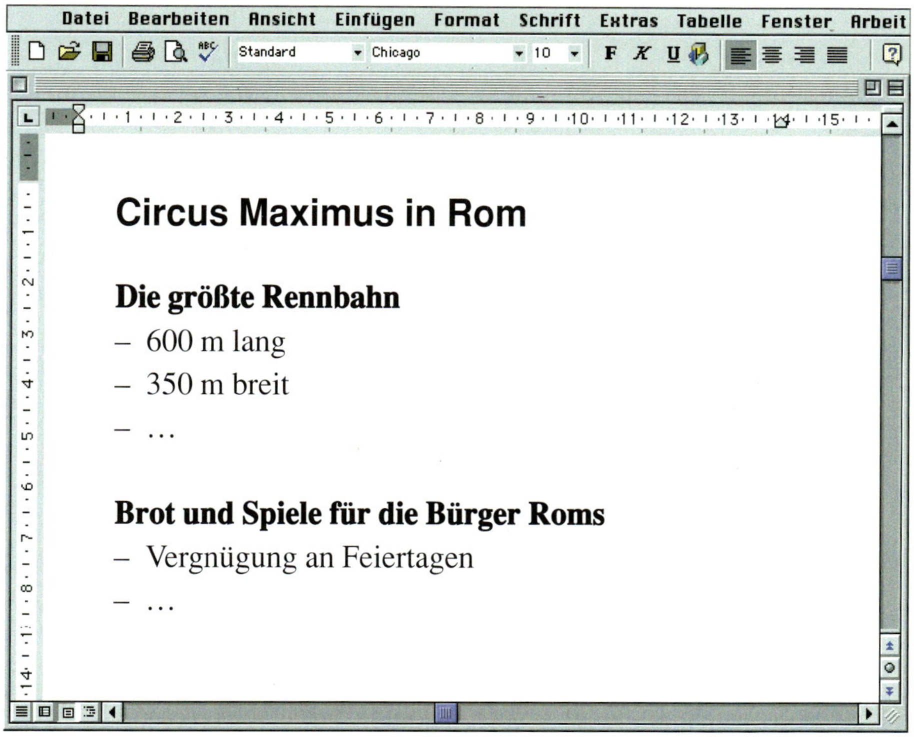

Ein Kurzreferat halten

Das Thema erschließen

Eine Möglichkeit, sich einem Thema zu nähern, ist die Anfertigung eines Clusters.

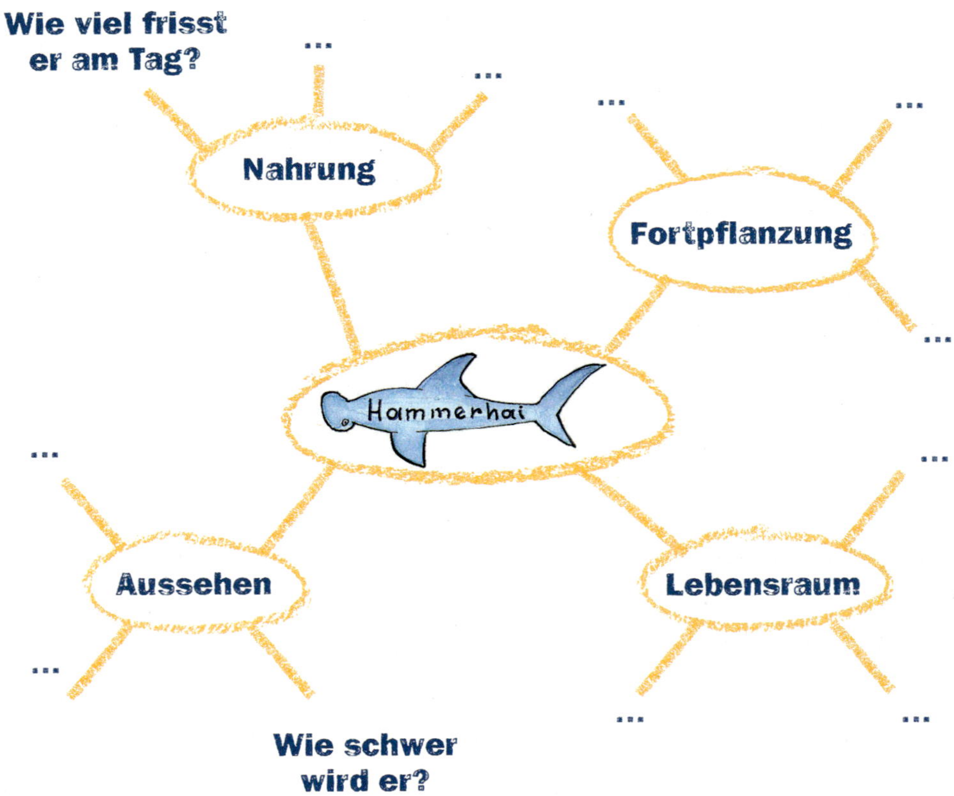

Merke!

Mit einem **Cluster** kannst du Ideen sammeln und ordnen.

Ober- und Unterbegriffe ▶ S. 193

1 a) Zeichnet den Cluster ab. Sammelt in Partnerarbeit weitere Fragen zu den vier Oberbegriffen.

b) Sammelt auch Fragen zu folgenden Oberbegriffen zum Thema „Hammerhai“.

Besonderheit **Lebensraum** **Fortpflanzung** **Aussehen** **Feinde**

2 Legt in Partnerarbeit einen ähnlichen Cluster zum Thema „Ägyptische Pyramiden“ an. Nutzt die Oberbegriffe:

Aussehen **Verwendung** **Geschichte**

Informationsmaterial sichten

Sich und andere informieren
▶ S. 70 ff.

1 Welche Möglichkeiten gibt es, sich Informationen zu einem Thema zu beschaffen?
Besprecht Vor- und Nachteile der verschiedenen Möglichkeiten.

2 a) Lies den folgenden Artikel aus einem Jugendlexikon. Worum geht es?

> **Haie:** zu den Knorpelfischen gehörende Raubfische. Haie sind mit rund 350 Arten in allen Weltmeeren vertreten. Charakteristisch sind der stromlinienförmige Körper, die unsymmetrische Schwanzflosse und die in mehreren Reihen hintereinander stehenden scharfen Zähne. Einige Haie legen Eier, andere bringen lebende Junge zur Welt.

b) Welche Informationen kannst du für ein Referat zum Thema „Hammmerhaie“ verwenden?

c) Bei welchen Aussagen musst du überprüfen, ob sie auch auf Hammerhaie zutreffen?

3 Welche dieser Buchtitel erscheinen dir für das Thema „Hammerhaie“ Informationen zu bieten? Begründe.

Informationsmaterial erschließen

1 Lies den Kurztext. Welche Textstellen sind unterstrichen?

Hammerhaie bringen ihre <u>Jungen lebend</u> zur Welt. Die <u>Tragzeit</u> dauert mindestens <u>sieben Monate</u>. Ein Weibchen bekommt zwischen <u>zwölf und vierzig Jungtiere</u>. Bei der <u>Geburt</u> sind die Jungen durchschnittlich zwischen <u>fünfzig und siebzig Zentimeter</u> groß.

2 Ergänze die Karteikarte, indem du die unterstrichenen Textstellen als Stichpunkte formulierst.

FORTPFLANZUNG:
- 7 Monate Tragzeit
- …
- …

3 a) Worum geht es in diesem Text?

Informationen aus Texten entnehmen ▶ **S. 92 ff.**

Der Hammerhai mit seinem T-förmig ausladenden Kopf hebt sich markant von allen anderen Verwandten seiner Art ab. Vermutungen dazu gab es viele, doch erst jetzt ist man dem wahren Grund auf die Spur gekommen. Der Hai verfügt über mehr als 3.000 Sensoren zur Wahrnehmung elektrischer Ströme – und die brauchen viel Platz. Dass Haie elektrische Ströme wahrnehmen können, ist nichts Neues. Auf diese Weise orten die Raubfische ihre Beute. Der Hammerhai aber scheint dies auf Grund der großen Zahl von Sensoren besonders gut zu können.
Die Familie der Hammerhaie mit ihrem stark verbreiterten Kopf umfasst sechs große Arten. Sie können bis zu fünf Meter lang und 500 Kilogramm schwer werden. Sie leben vor allem in den tropischen Meeren. Wegen einzelner Angriffe auf Menschen gehören Hammerhaie zu den gefährlichen Arten.

b) Kläre die Begriffe, die du nicht kennst.

c) Welche Stellen würdest du markieren? Nenne die Zeilenangaben.

d) Fertige weitere Karteikarten an, auf denen du die wichtigsten Informationen in knappen Stichpunkten notierst. Benutze auch andere Informationsquellen.

Tipp

Karteikarten als Referatsgrundlage:
- pro Oberbegriff eine Karte
- wichtige Informationen geordnet in knappen Stichworten notieren
- eine deutliche und große Schrift verwenden

Ein Kurzreferat vorbereiten

1 Mit welcher Karte würdest du dein Referat beginnen? Diskutiere mit deiner Partnerin/deinem Partner über einen sinnvollen Anfang und einigt euch auf eine logische Reihenfolge.

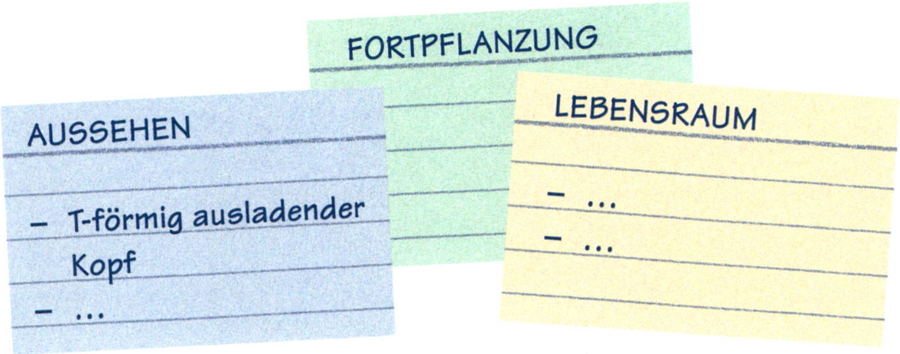

2 Um die Informationen interessanter und lebendiger zu machen, kannst du Bilder als Anschauungsmaterial einsetzen.

An welcher Stelle des Referats ist dieses Bild gut einzusetzen? Begründe.

Tipp
Es können auch **Anschauungsmaterialien** wie Folien, Musikausschnitte von CDs, Filmausschnitte, Dias, Gegenstände usw. verwendet werden.

3 Auch mit Hilfe von selbst gestalteten Folien kannst du ein Referat anschaulicher machen.

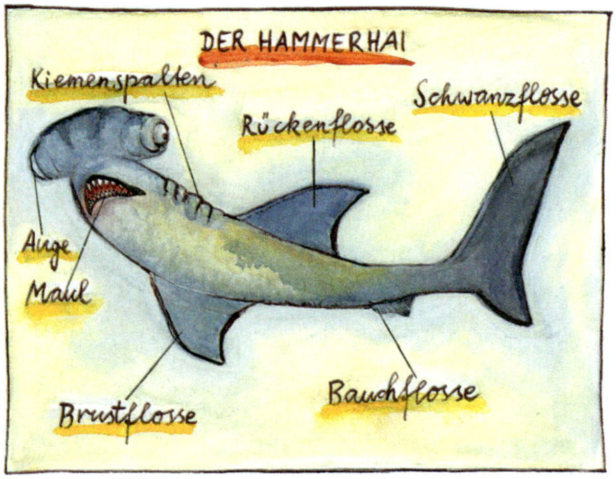

Erläutere diese Folie.

Den Aufbau planen

Ein Referat gliedert sich in drei Teile:

Einleitung → **Hauptteil** → **Schluss**

1 Einleitung

Gleich am Anfang musst du die Aufmerksamkeit und das Interesse deiner Zuhörerinnen und Zuhörer wecken.

> Warum hat der Hammerhai einen hammerförmigen Kopf?
> A: Hier befinden sich weitere Augen, mit denen er seine Feinde besser erkennen kann,
> B: Hier befinden sich bis zu 3000 Sensoren, mit denen er ... oder C: ...

a) Was hältst du von diesen Einstiegsmöglichkeiten?

> Ich halte ein Referat über den Hammerhai.

b) Notiere weitere mögliche Einleitungen zum Thema „Der Hammerhai".

2 Hauptteil

Im Hauptteil trägst du mit Hilfe deiner Karteikarten und der Anschauungsmaterialien alle Informationen zum Thema vor. Formuliere zu den Stichpunkten auf deinen Karteikarten verständliche Sätze. Übe sie mehrmals, bis du sie flüssig vortragen kannst.

3 Schluss

Beende dein Referat mit einem gelungenen Schluss. Folgende Möglichkeiten bieten sich an:

- kurze Zusammenfassung
- Ausblick auf weitere Themen
- ein Rätsel zum Thema stellen
- eigene Meinung zum Thema äußern

a) Formuliere einen möglichen Schlusssatz zum Thema „Der Hammerhai".

b) Lest die Sätze vor und wählt besonders gelungene aus.

Ein Referat vortragen

1 Gib kurze Hinweise für einen guten Vortrag.
Denke an
- Tempo,
- Lautstärke,
- Sprache und
- Körperhaltung.

Ein Kurzreferat halten
▶ S. 79

2 Zeichnet gemeinsam ein Lernplakat mit Tipps für ein gelungenes Kurzreferat.

Tipps für ein Kurzreferat:
- Stelle dich aufrecht vor die Klasse!
- Suche den Blickkontakt mit deinem Publikum!
- Übe den Umgang mit den Karteikarten!
- ...

3 Folgende Übungen können euch dabei helfen, Blickkontakt und Stimme während des Referats sinnvoll einzusetzen:
- Decke mit einem Blatt Papier die untere Gesichtshälfte ab und versuche, allein durch deine Augen folgende Gefühle auszudrücken. Deine Partnerin/dein Partner soll versuchen, das jeweilige Gefühl zu erraten:
  Langeweile, Wut, Überraschung, Verwunderung, Angst
- Versuche folgendes „Wort“ unterschiedlich zu betonen:
  „mübüdünümüsü“ ⟶ fragend, befehlend, bittend, ärgerlich
- Lies den Satz „Morgen bist du dran“ viermal vor und betone bei jedem Mal ein anderes Wort. Wie ändert sich die Bedeutung des Satzes durch die unterschiedliche Betonung der Wörter?

Tipp
Der **bewusste Einsatz der Stimme** (Lautstärke, Pausen, Betonung) und der **Körpersprache** (Mimik, Gestik) machen dein Referat überzeugender und interessanter.

Texte überarbeiten

Schreibkonferenz

Wenn du einen Text geschrieben hast, solltest du ihn überarbeiten. In einer Schreibkonferenz helft ihr euch gegenseitig dabei, Fehler aufzuspüren, oder ihr gebt euch Tipps für die Überarbeitung.

Die vier Schritte einer Schreibkonferenz:

1. Die Autorin/der Autor liest den eigenen Text vor. Die anderen hören aufmerksam zu.
2. Die Zuhörerinnen und Zuhörer sagen, was ihnen am Text gefallen hat. Sie fragen nach, wenn sie etwas nicht verstanden haben. Die Autorin/der Autor beantwortet Fragen.
3. Besprecht den Text Satz für Satz. Richtet euer Augenmerk vor allem auf den Inhalt, die Rechtschreibung und die Sprache. Formuliert in angemessener Form hilfreiche Verbesserungsvorschläge.
4. Verbessert eure Texte anschließend und schreibt sie sauber ab.

1 Bevor ihr einen Text überarbeitet, ist es sinnvoll zu überlegen, um welchen Schreibanlass (z. B. Berichten, Erzählen, Beschreiben) es sich bei dem Text handelt.

W-Fragen beantworten
Im Präteritum schreiben
Wörtliche Rede verwenden
Sachlich schreiben
Überschrift soll neugierig machen
Im Präsens schreiben
Richtige Reihenfolge einhalten
Erzählen aus der Sicht einer Figur
In Einleitung – Hauptteil – Schluss gliedern
Abwechslungsreiche Satzanfänge benutzen

Ordnet die verschiedenen Merkmale den jeweiligen Schreibanlässen in der Tabelle zu. Einige Merkmale müssen bei mehreren Schreibanlässen beachtet werden.

Berichten	Erzählen	Beschreiben
– W-Fragen beachten	– ...	– ...
– ...	– ...	– ...

2 Überarbeitet den Text in einer Schreibkonferenz. Überlegt zunächst, um welchen Schreibanlass es sich handelt.

Achtung Fehler

Ein toller Geburtstagskuchen
eine Prise Salz, 100 g geriebene Mandeln, 5 Eier, 425 g Mehl, 200 g Margarine, 200 g Zucker, ein Päckchen Backpulver
Gib zuerst die Margarine in kleinen Stückchen in eine Schüssel, füge den Zucker hinzu und rühre, bis sie schaumig ist. Dann schlägt man die Eier auf undgibt sie nacheinander dazu. Vergiss die Prise Salz nicht! Dann fügt man das Mehl in zwei bis drei Portionen dazu. Gib den fertigen Teig in eine gefettete Kuchenform. Rühre vorher die geriebenen Mandeln unter den Teig. Ich probiere immer mit einem Holzstäbchen, ob der Kuchen fertig ist.

Tipp
Teilt euch die Aufgaben bei der Überarbeitung entsprechend euren Stärken auf. Mit dem jeweiligen Merkzettel in den Händen könnt ihr dann die Verbesserung vornehmen.

Tipp
Achtet bei diesem Text auf:
- Form
- Überschrift
- Reihenfolge in der Liste der Zutaten und in der Beschreibung
- Wurde etwas vergessen?
- Zeitform/Personalform
- Wortwahl

Tipp
Kopiere das Blatt und klebe es auf ein DIN-A3-Blatt. Dann hast du genügend Platz für deine Anmerkungen.

Textlupe für die schriftliche Erzählung: Inhalt

Die Textlupe ist ein Arbeitsblatt zu einem Text, der bearbeitet werden soll.

1 Übertrage die Textlupe für die Überarbeitung des Inhalts einer Erzählung in dein Heft.
Ergänze in der linken Spalte weitere Anforderungen an eine Erzählung.

Anforderungen	nein	zum Teil	ja	Verbesserungs-vorschläge
Macht die Überschrift neugierig?	…	…	…	…
Ist der Text in Einleitung, Hauptteil, Schluss gegliedert?	…	…	…	…
Kann man den Erzähler eindeutig bestimmen?	…	…	…	…
Ist wörtliche Rede verwendet worden?	…	…	…	…
…	…	…	…	…
…	…	…	…	…

2 Fertigt nun nach dem gleichen Schema eine Textlupe für die Überarbeitung des Inhalts für den Schreibanlass „Berichten“ an.
Wenn ihr unsicher seid, schlagt noch mal auf Seite 62 ff. nach und lest die Anforderungen für einen Bericht nach.

Berichten
▶ S. 62 ff.

Textlupe: Rechtschreibung

1 a) Überprüfe die Rechtschreibung deines Textes. Verwende dabei ein Wörterbuch. Setze dir Schwerpunkte bei der Suche nach Fehlern, wenn du nicht so sicher bist.

Rechtschreibfall	Fehlerhaftes Wort	Richtige Schreibung	Regel
Groß- und Klein-schreibung	einsamkeit	…	…
s-Laute	praßelte	…	…
Fremdwörter	Olümpiade	…	…
Trennung	Ab-end	…	…
Auslassungen	…	…	…
…	…	…	…

b) Übertrage die Textlupe zur Rechtschreibung in dein Heft. Trage deine Rechtschreibfehler ein, wie im Beispiel gezeigt.

2 a) Erstellt für den Schreibanlass „Vorgänge beschreiben“ je eine Textlupe zu den Bereichen „Inhalt“ und „Rechtschreibung“.

b) Überarbeitet den folgenden Text in der Gruppe mit Hilfe der beiden Textlupen. Teilt euch dafür die Aufgaben nach euren Stärken auf und fertigt gemeinsam eine Verbesserung an.

Waschanleitung Wollpullower

Wollpullower mit den Händen waschen und nicht mit anderen Kleidungsstücken. Nur lauhwarmes Wasser mit Waschpulfer ohne Blaichmittel verwänden. Pullower im Wasser hin und her schwänken, leicht drücken ohne zu reiben. Nach dem waschen lange ausspülen. Das Wasser sollte nicht mehr trübe sein. Den Pullower auf ein grosses Frohtee-Handtuch legen, einrollen und Wasser ausdrücken. Den Pullower im liegen trocknen lassen. Auf keinen Fall auf die Heizung hängen.

Textlupe für die schriftliche Erzählung: Sprache

Anforderungen	Das ist mir aufgefallen.	Meine Verbesserungs-vorschläge
Keine unnötigen Wiederholungen	Die Schüler fuhren ..., die Schüler erreichten.	...
Zeitform Präteritum	Edi rennte ...	...
Genaue Zeitangaben	Dann ..., dann ...	...
Abwechslungsreiche Satzanfänge	Peter lief ... Peter rief ...	...
Vollständige Sätze	Während Frau Müller die Suppe rührte.	...
Wörtliche Rede	...," sagte Peter ...," sagte Peter	...
Treffende Verben	Wir gingen schnell den Hang hinauf. Ich ging schnell zur Turnhalle.	...
Flüssiger Text, z. B. durch Satzverbin-dungen	Peter erledigte seine Aufgaben. Er schaltete den Fernseher ein.	...

1 Übernimm die Textlupe zur „Sprache" in dein Heft und fülle die rechte Spalte mit deinen Verbesserungsvorschlägen aus.

2 Welches Merkmal spielt beim Berichten keine Rolle?

3 Fertigt für die Schreibanlässe „Berichten", und „Beschreiben" eine Textlupe „Sprache" an. Schlagt dafür im Buch auf den jeweiligen Seiten nach, welche Anforderungen jeweils an die Sprache bestehen.

4 Versuche nun den folgenden Text eines Schülers zu verbessern, der über seine Klassenfahrt nach England berichtet.
Du brauchst dazu die Textlupe „Sprache“ aus Aufgabe 3.

Das lange Warten hatte endlich ein Ende. Am 25. März begann endlich unsere Klassenfahrt nach England. Als der Bus kam, suchten sich alle Schüler ihre Plätze und verabschiedeten sich von ihren Eltern. Dann fuhr der Bus nach Schwarzach. Wir holten dort unsere Partnerklasse ab. Dann begann unsere lange Reise in Richtung Frankreich nach Calais. Die Schüler beäugten sich zunächst kritisch. Nach einigen Stunden entstehen bereits die ersten Kontakte und Gespräche. Die meisten Schüler legen sich bei Anbruch der Dunkelheit schlafen. Zum Schlafen ist es eng und voll im Bus. Dann erreichten wir in den frühen Morgenstunden den französischen Hafen. Nach der Passkontrolle fuhr der Bus auf die Fähre. Dann durften wir uns endlich die Beine vertreten. Die Schüler staunten über die vielen Geschäfte und Restaurant im Bauch der Fähre. Die meisten unserer Schüler bevorzugen aber den Aufenthalt auf dem obersten Deck. Man kann hier über die Reling auf das unruhige Meer schauen. Nachdem es aber anfing zu regnen, wurde vielen Schülern schlecht. Sie gingen unters Deck und wünschten sich, dass die Überfahrt bald ein Ende hatte.

Schaubilder beschreiben

Diagramme (Schaubilder) geben auf anschauliche Art viele Informationen wieder. Es ist wichtig, dass du sie „lesen" kannst.

Merke!

Diagramm: zeichnerische Darstellung von Größenverhältnissen in leicht überschaubarer Form

1 Kreisdiagramm

Lebende Tierarten auf der Erde
Wirbeltiere insgesamt: 589

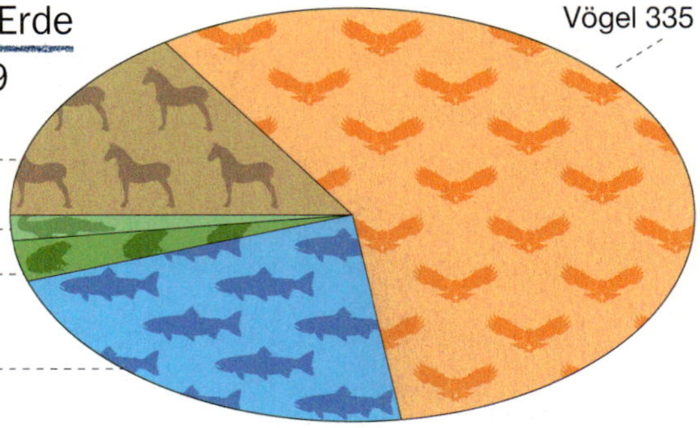

a) Worüber wirst du mit diesem Kreisdiagramm informiert?

START „Dieses Kreisdiagramm zeigt/stellt dar ..."
„In ... wird ... dargestellt."

b) In welche Untergruppen werden die Wirbeltiere eingeteilt? Nenne sie.

c) Nenne die größte und die kleinste Gruppe. Welche Gruppen sind ungefähr gleich groß?

START „Besonders auffallend ist ..."

2 Wie beschreibe ich ein Diagramm?

a) Bringe folgende Arbeitsschritte in die richtige Reihenfolge.

Aussagen formulieren, die sich aus den Angaben des Diagramms machen lassen

Die Werte miteinander vergleichen

Die Darstellung der Größenverhältnisse angeben (Jahre, Prozent, Millionen, ...)

Feststellen, was genau im Diagramm dargestellt ist (ein bestimmter Sachverhalt, eine Entwicklung)

Thema des Schaubildes nennen (Überschrift)

b) Erkläre, warum es so wichtig ist, diese Reihenfolge einzuhalten.

3 Balkendiagramm

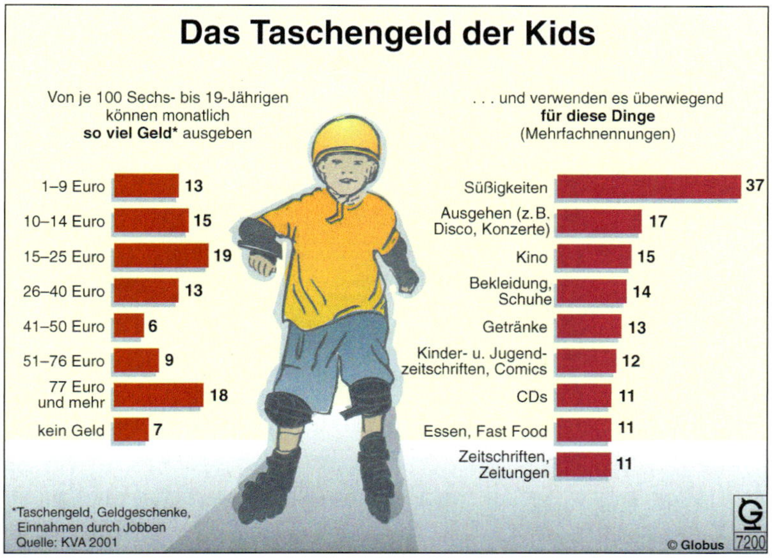

a) Beschreibe das Balkendiagramm mit Hilfe der Arbeitsschritte, die du in Aufgabe 2 kennen gelernt hast.

b) Führt in eurer und in der Parallelklasse eine Umfrage zum Thema „Taschengeld“ durch.

c) Setzt die Ergebnisse in ein Balkendiagramm um und vergleicht sie mit obigem Schaubild.

4 Bilddiagramm

Bearbeite nebenstehendes Bilddiagramm mit Hilfe der Arbeitsschritte aus Aufgabe 2. Stelle dabei die Beziehung der Personen untereinander dar.

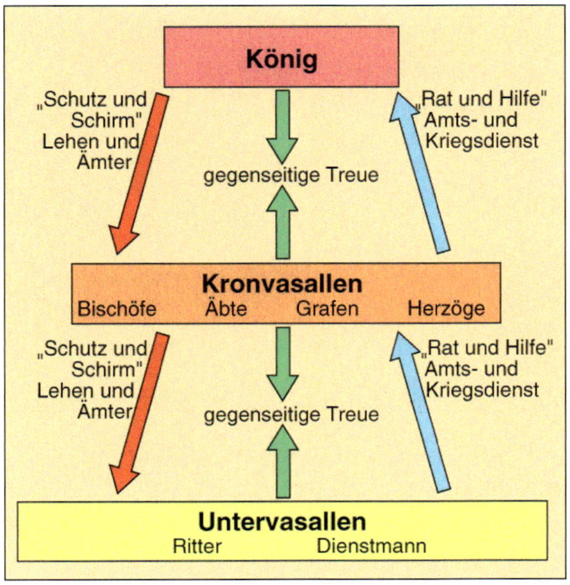

Das Lehnswesen im Mittelalter

Tipp

Lehen:
Im Mittelalter gab der Lehnsherr (z. B. König oder Fürst) seinem Lehnsmann ein Gut oder Amt (Lehen).

Probearbeiten vorbereiten

Damit du in den Probearbeiten erfolgreich bist, solltest du dich gut vorbereiten. Nicht alle der folgenden „Lerntipps" sind jedoch bei der Vorbereitung für eine Probearbeit geeignet.

1 Begründe, welche Tipps mehr und welche weniger Erfolg versprechen.

- **Arbeitsmaterialien rechtzeitig zusammensuchen**
- **Gesamten Lernstoff durchlesen**
- **Den Lernstoff auf mehrere Tage verteilen**
- **Unbekannte Begriffe nachschlagen**
- **Sich auf sein Gefühl verlassen**
- **Vorbereitungen während des Schulwegs erledigen**
- **Das Buch vor der Probearbeit unter das Kopfkissen legen**
- **Einen Tag vor der Probearbeit anfangen, um nichts zu vergessen**
- **Alles auswendig lernen**
- **In einen Zeitplan eintragen, welcher Lernstoff wann gelernt werden soll**
- **Sich informieren, welcher Lernstoff geprüft wird**
- **Die Merkzettel der Freunde kopieren**
- **Bis in die Nacht hinein lernen**
- **Einen Stichwortzettel schreiben**
- **Regeln, Daten, Begriffe markieren**

Tipp
Du solltest mindestens 4 Tage vor einer Probearbeit mit dem Lernen beginnen. Beim Planen hilft dir ein Kalender, in den auch private Termine eingetragen werden sollten.

2 Ordne die sinnvollen Lerntipps den beiden Überschriften „Sich rechtzeitig vorbereiten" und „Lernstoff strukturieren" zu.

START

1. *Sich rechtzeitig vorbereiten*
   – Arbeitsmaterialien zusammensuchen

2. *Lernstoff strukturieren*
   – Gesamten Lernstoff durchlesen

3 Nachdem du dir einen ersten Überblick über den Lernstoff verschafft hast, kannst du verschiedene Lerntechniken anwenden:

1 Einen „Spickzettel“ schreiben
Schreibe auf einen kleinen Zettel übersichtlich und sauber wichtige Stichpunkte, Merksätze und Begriffe. Verwende evtl. auch einprägsame Zeichen (Plus- oder Minuszeichen, Pfeile usw.). Du lernst damit, dich wirklich nur auf das Wesentliche zu beschränken. Natürlich darfst du diesen Spickzettel während der Arbeit nicht benutzen!

2 Ein Lernplakat erstellen
Notiere auf einem Lernplakat wichtige Stichpunkte, Begriffe und Merksätze und ergänze sie, wenn möglich, mit einprägsamen Zeichnungen. Hänge das Plakat in dein Zimmer, sodass du immer wieder „gezwungen“ wirst, es zu lesen.

3 Gemeinsam lernen
Du kannst auch zusammen mit einer Lernpartnerin/einem Lernpartner lernen. Gerade bei Sachtexten ist es sinnvoll, zum Thema passende W-Fragen auf kleinen Karteikarten zu notieren. Die dazugehörigen Antworten schreibt ihr auf Karteikarten einer anderen Farbe. Fragt euch gegenseitig ab oder simuliert eine Probearbeit. Wählt für den jeweils anderen drei Fragen aus, die sie/er schriftlich beantworten muss. Kontrolliert anschließend die Antworten sorgfältig.

a) Schau dir diesen Spickzettel zum Thema „Käfer“ genau an.
Notiere Vorschläge, wie du ihn besser gestalten kannst.

b) Erstelle mit deiner Lernpartnerin/deinem Lernpartner einen „Spickzettel“ oder ein Lernplakat zum Thema „Einen Unfallbericht schreiben“.

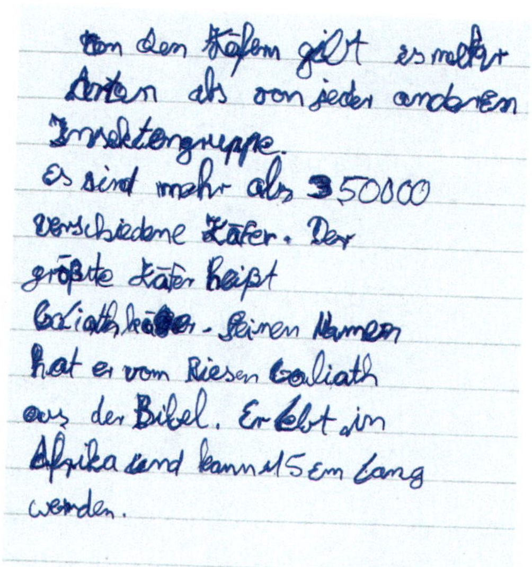
Von den Käfern gibt es mehr Arten als von jeder anderen Insektengruppe. Es sind mehr als 350000 verschiedne Käfer. Der größte Käfer heißt Goliathkäfer. Seinen Namen hat er vom Riesen Goliath aus der Bibel. Er lebt in Afrika und kann 15 cm lang werden.

Tipp
Ein bisschen Nervosität vor einer Probearbeit ist normal und kann die Leistung auch steigern. Bleib deswegen möglichst gelassen und gib dich zufrieden mit deinen Vorbereitungen.

Tipp
simulieren: hier: etwas zur Übung nachahmen

Berichten
▶ **S. 62 ff.**

Richtig schreiben

Kontrolllesen

Wenn du Fehler entdecken willst, musst du konzentriert arbeiten.

1 Schau genau hin. Wie viele Fehler entdeckst du im linken Bild?

2 Lies genau. Wie viele Schreibfehler entdeckst du?

Lesetraining Lesetraining Lesetraining Lesefraining
Konzentration Konzentratiom Konzentraton Konzentration
genau schaun genau schauen genau sohauen gena schauen
genau sclauen ganau schauen
richtig schreiben richig schreiben richtig schreiden
richtig schreiben richtig schreiben
Erfolg haben Erfolq haben Erfolg haden Erfolg haben
Ertolg haben Erfolg hahben

3 Fehler beim Schreiben passieren jedem. Wichtig ist, dass du das Geschriebene auf Fehler überprüfst.

So kannst du vorgehen:

1. Lies jeden Satz halblaut und langsam vor. Markiere die falsch geschriebenen Wörter, die du dabei entdeckst.
2. Lies den Text noch einmal langsam von hinten nach vorne. Schau dabei jedes Wort genau an. Fallen dir weitere Fehler auf?
3. Überprüfe die Fehlerwörter mit Hilfe der Lösungshilfen oder des Wörterbuchs.
4. Schreibe die Wörter in der richtigen Schreibung auf.

Tipp

Beim Lesen und Schreiben in Silben sprechen: niederdeutschen

4 a) In diesen Beitrag für eine Wandzeitung haben sich 15 Fehler eingeschlichen. Suche sie. Gehe dabei so vor wie im Kasten oben beschrieben.

b) Schreibe den ganzen Text in der richtigen Schreibung ab.

c) Kontrolliere anschließend mit dem Lösungsteil.

Lösungen ▶ S. 213

Das Wappen

Der Begriff Wappen stamt aus der niederdeutschen Sprache, aus Holland und Flandern. Er bedeutete zuerst „Waffen". Damit wahr aber nicht eine schlagwaffe gemeint, sondern der Schilt als die wichtigste Verteidigungswaffe. Wärend der Kreutzzüge zogen rießige Heere ins Heilige Land. Die Ritter trugen im Kampf sterkere Gesichtsbedeckungen. Die Helme liesen das Gesicht eines Ritters nicht mehr erkennen. Um jedoch Mittkämpfer und Gegner voneinander unterscheiden zu können, wurden Zeichen auf die Schilder gemahlt. Speter wurden die Wappen auch auf Helme, Pferdedecken, Wappenröcken und Fahnen angebracht. So entstanden in Europa zahlreiche Wappen. Auch Stätte legten sich Wappen als Erkennungszeichen zu. Wappen wurden mit geometrischen Mustern, Kreuzen, Pflanzen, Tieren, Menschen, Buchstaben, Bauwercken oder Gegenstenden dargestellt.

Rechtschreibhilfen

Hilfe 1: Wortbausteine erkennen

Wörter sind aus Wortbausteinen zusammengesetzt. Wenn du die Wortbausteine kennst, machst du weniger Fehler.

Merke!
Der **Wortstamm** ist der Grundbaustein eines Wortes.

1 Bilde mit diesen Wortbausteinen möglichst viele Wörter. Achte auf die richtige Groß- und Kleinschreibung.

ver – be – vor – ab – er – ent – unter – ein – aus – durch – zu

Wortstamm: stell – hol

Endungen: en – t – e – ung – bar – st – sam

2 Schreibe folgende Wörter ab. Verwende für die einzelnen Bausteine verschiedene Farben.

entdeckt – heilbar – Unendlichkeit – schweigst – Abfall – missglückte – Voraussetzung – höflich – umständlich – bekommen – Wildnis – zerschneide – unterhaltsam

START entdeckt, heilbar, …

3 Suche aus der Wortliste passende Wortbausteine zu folgenden Wörtern. Oft gibt es mehrere Möglichkeiten.

zu-, ent-, aus-, ab-, er-, unter

laufen – sehen – messen – trinken – stellen – brechen

START zulaufen, entlaufen, …

4 Du musst nur einen Wortbaustein verändern und schon verändert sich die Bedeutung.

aufwärts – ___wärts
Gesundung – Gesund___
Beitrag – ___trag
glücklos – glück___
zunehmen – ___nehmen
befangen – ___fangen

START aufwärts – abwärts, …

Wortbausteine für Verben

5 a) Bilde mit den Wortbausteinen möglichst viele Verben.

aus, vor, be, ver

nehmen, sagen, geben, stellen, gehen, halten, bauen, richten, fallen, suchen, schreiben

START vergeben, ...

b) Schreibe Sätze mit allen gefundenen Verben.
Achte auf die unterschiedlichen Bedeutungen.

START Im Theater sollte man sich gut benehmen.
Der Polizist begann den Täter zu vernehmen.

Merke!
Der erste Baustein ist entscheidend für die **Bedeutung des Verbs**.

6 a) Bilde mit den folgenden Wortbausteinen und den Verben aus der Wortliste neue Verben.
Markiere den ersten Wortbaustein farbig.

ab, an, auf, aus, er, ent, zer

bauen	nehmen	stellen	rauschen	täuschen
bremsen	fahren	strecken	richten	laufen
buchen	finden	streuen	rüsten	löschen
nähen	fressen	stören	tarnen	

START ab bauen, ab bremsen, ...

b) Wähle fünf Verben aus und bilde mit ihnen Sätze.

START Er muss den Knopf wieder annähen.

Nachsilben für Nomen

GESUND ______ KANN MAN LERNEN

Sportsend ______ überraschend abgebrochen

Zerstörte Wild ______ nach riesiger Explosion

MIT LICHTGESCHWINDIG ______ DURCHS ALL

Aus Verlegen ______ die Notbremse gezogen

Frau schlägt Millionenerb ______ aus

ÜBEL ______ NACH KANTINENBESUCH

7 a) Ergänze die Nachsilben in den Nomen und schreibe die Schlagzeilen ab.

b) Ordne die Nomen nach ihren Nachsilben und schreibe sie mit Artikel auf. Markiere die Nachsilbe farbig.

START *die Gesundheit*

c) Sucht euch zwei oder drei Schlagzeilen aus. Welche Geschichten könnten dahinter stecken?
Tauscht euch über eure Ideen aus.

Nomen untersuchen
▶ S. 160 f.

8 Bilde mit folgenden Wörtern und Nachsilben Nomen. Schreibe sie mit Artikeln auf. Unterstreiche die Nachsilben farbig.

ung – heit – keit – nis – ling – sal – schaft – tum

- verzeihen, beschäftigen, werben, senden, zeichnen
- dumm, gemein, trocken, träge, verlegen, gesund
- häufig, ewig, wichtig, gründlich, fröhlich, heiser
- bereit, erben, Herr, Kunde, Land, gefangen, Graf
- ergeben, ersparen, ärgern, Zeuge, wagen, wild
- lieben, flüchten, haften, taufen
- irren, Herzog, eigen, Alter, reich
- mühen, rinnen, trüb, schicken

Merke!

Wörter mit den Nachsilben
-ung
-heit
-keit
-ling
-nis
-schaft
-tum
-sal
am Wortende sind **Nomen.**
Nomen schreibt man **groß.**

Nachsilben für Adjektive

haft – los – isch – ig – bar – lich – sam

Vorsicht	Dauer	Sorge	lieben	bluten
Rost	Ergebnis	Komik	erholen	vermuten
Kern	Rätsel	halten	folgen	wachen
Schaden	Masse	streben	haften	deuten
Gift	Sprache	Liebe	Freude	Erholung

Merke!
Adjektive schreibt man **klein.**

9 a) Bilde aus den oben stehenden Begriffen und den Nachsilben Adjektive. Schreibe sie auf und unterstreiche die Nachsilben.

START *vorsichtig*

b) Schreibe zu jedem Adjektiv ein Nomen.

START *ein vorsichtiger Autofahrer*

c) Schreibe zu fünf Beispielen von Aufgabe 1b passende Sätze.

START *Ein vorsichtiger Autofahrer verursacht weniger Unfälle.*

10 a) Ergänze die jeweils passende Nachsilbe.

sprach* – neu* – fett* – nied* – himml* – mach* – hilf* – sücht* – grauen* – ziel* – verführer* – grau* – freundschaft* – fest* – aufmerk* – gebräuch* – schweig* – zorn* – märchen* – italien* – gnaden* – kämpfer* – zag* – offen* – sonder* – bibl* – dorn* – gräss* – störr* – streb* – ängst* – ordent*

b) Schreibe zu fünf Adjektiven je einen Satz.

START *Sie hatte zu ihrer Mutter ein freundschaftliches Verhältnis.*

Merke!
Wörter mit diesen Nachsilben sind **Adjektive:**
-ig
-lich
-bar
-sam
-haft
-los
-isch

Hilfe 2: Deutlich sprechen – genau hinhören

1 a) Wie werden die Vokale in den Wörtern jeweils betont? Sprich sie laut und deutlich.

b) Übertrage die Tabelle in dein Heft und ordne die Wörter ein. Markiere die kurzen betonten Vokale mit einem Punkt, die langen mit einem Strich.

START

langer betonter Vokal	kurzer betonter Vokal
Sohlen	sollen
...	...

der Zahn
das Bad
das Stroh
die Schokolade
die Dose
das Haar
der Schuh
der Brief
der Vogel

die Bürste
der Ballen
der Pudding
der Öffner
das Zimmer
die Spange
das Futter
das Geschäft

2 a) Sprich die folgenden Wörter deutlich. Trage sie in die Tabelle von Aufgabe 1b ein und kennzeichne sie wie angegeben.

trocken	Verletzung	Spitze	riesig
zielen	Höhle	Gewitter	holen
nämlich	Wagen	stoßen	Druck
Nest	zuletzt	wenn	kühl

b) Vergleiche die Anzahl der Konsonanten nach einem langen und einem kurzen Vokal.

3 Bilde zusammengesetzte Nomen mit den Wörtern aus den beiden Wortlisten. Das eine Wort soll einen lang gesprochenen Vokal und das andere Wort einen kurz gesprochenen Vokal haben.

START der Schokoladenpudding

Hilfe 3: Wörter verlängern

1 a) Benenne diese Bilder. Achte beim Sprechen auf den letzten Laut (Auslaut). Wie klingt er?

b) Wie werden die Wörter geschrieben? Verlängere sie, dann werden die Unterschiede hörbar.

START *der Berg – die Berge*

c) Suche zu jedem Verb den Infinitiv (Grundform). Entscheide dann, wie das Verb geschrieben wird.

b/p	**k/g**	**d/t**
ich ho*	du kla*st	er ban*
er sto*t	es na*t	sie verrie*
ich blie*	er trin*t	er rie*
sie schna*t	du la*st	sie verschwan*
ich lo*te	du fol*st	er erfan*
sie stir*t	sie par*t	sie entschie*

START *ich hob – heben,*

d) Übe die Verben. Setze sie in den Infinitiv, in das Präsens und in das Präteritum.

START

Infinitiv	Präsens	Präteritum
heben	ich hebe	ich hob
…	…	…

Merke!

So kannst du **Wörter verlängern:**
Bilde bei Nomen den Plural:
Zwerg – Zwerge

Steigere die **Adjektive** oder ergänze ein Nomen:
klug – klüger, kluges Kind

Suche bei **Verben** die Grundform (Infinitiv):
gab – geben

Hilfe 4: Verwandte Wörter suchen

säuerlich
das Geräusch
schläfrig
das Gewächs
säumen
kräftig
das Späßchen
das Kästchen
die Ärztin
das Fahrzeug
der Wieder-
käuer
bräunlich
säubern
die Nähe

1 Von welchen Wörtern lassen sich die Wörter mit ä/äu ableiten? Erkläre folgendermaßen:

START **Kläuschen ist abgeleitet von Klaus, ...**

2 Suche aus der Wortliste die verwandten Wörter zu folgenden Wörtern.

die Kraft, der Saum, der Kasten, der Spaß, der Arzt, fahren, schlafen, wachsen, rauschen, kauen, braun, nahe, sauer, sauber

START **die Kraft – kräftig**

3 a) Schreibe die Wörter ab und setze a, ä, au oder äu in die Lücken ein.

tats_chlich – l_nglich – Gl_tte – qu_len – Gespr_ch – gegenw_rtig – st_rken – Gebl_se – h__fig – gel__fig – Geb__de – r__mlich – gebr__chlich – Ger__sch – zerst__ben – __ßerlich – vers__men – l__ten – S__re

b) Suche zu jedem Wort aus Aufgabe 3 a ein verwandtes Wort. Schreibe die Wörter untereinander. Unterstreiche den gemeinsamen Wortstamm.

START **tatsächlich**
die Tatsache

4 Bilde Wortfamilien.

er, Er | kält, kalt, kält | en, et, ung, e

ge, Ge, Zwie | back, bäck, Bäck | en, er

ver, Ge | pack, päck, Päck | en, chen

Un, Zu, ge, Ge | fall, fäll, Fall | en, t, e

Merke!
Wörter mit dem gleichen **Wortstamm** sind verwandt. Sie gehören zu einer Wortfamilie.

Der Traumheld

„Es ist zwecklos“, sagte Erwin ständig. Wenn seine Mutter ihn weckte, war er häufig noch so verschlafen, dass er nicht wusste, was er tat. Einmal kämmte er sich mit der Zahnbürste die Haare. „Wo bist du mit deinen Gedanken?“, fragte Mutter. „Unterwegs“, murmelte Erwin und wischte sich verträumt die Zahnpasta aus den Haaren. In der Schule war es nicht besser. Er verlegte Italien an die Nordsee und war tatsächlich der Meinung, dass Kolumbus das Ei entdeckt habe. Seine Antworten riefen in der Klasse immer Gelächter hervor. Erwin verlegte seine großen Taten in die Träume. Dort fühlte er sich nämlich als Held, ritt auf einem mächtigen Löwen und kämpfte unter Wasser mit gefährlichen Haien. In seinen Träumen war er einfallsreich. Am liebsten träumte Erwin von Fußballspielen, in denen er für seine Mannschaft eine überragende Rolle spielte.

a) Schreibe den Text ab und unterstreiche alle Wörter mit **ä** oder **äu.**

b) Suche zu jedem unterstrichenen Wort verwandte Wörter mit **a** und **au.**

START ständig – der Stand, standhaft, ...

Hilfe 5: Rechtschreibregeln anwenden

Merke!

Nomen haben oft ein **Begleitwort:**
Artikel + Nomen:
Das Haus
Ein altes Haus

Possessivpronomen + Nomen
meine CD
dein Freund
unsere Aufgabe

Besonders für die richtige Groß- und Kleinschreibung musst du dir einige Regeln merken.

!

- Satzanfänge schreibt man groß.
- Nach einem Doppelpunkt schreibt man groß, wenn ein vollständiger Satz folgt.
- Nomen schreibt man groß.
- Eigennamen werden großgeschrieben.

Eine versunkene stadt

es geschah im jahre 79 n. chr.: der vulkan vesuv brach aus und die römische stadt pompeji wurde unter einer meterhohen ascheschicht verschüttet. jahrhunderte später, 1875: bei ausgrabungen machten wissenschaftler einen einmaligen fund, der großes aufsehen erregte. sie entdeckten 150 hölzerne und beschriftete täfelchen. solche mit wachs überzogenen täfelchen wurden tatsächlich zur zeit der alten römer im alltag für notizen und rechnungen, aber auch für liebesbriefe verwendet. man ritzte die schrift entweder mit einem spitzen griffel aus bronze oder mit einem knochen ein. die geschriebenen wörter und sätze konnten wieder gelöscht werden, indem man das wachs mit dem griffelende wieder glättete. Die täfelchen wurden auch in der schule benutzt, weil man auf ihnen nicht nur schreiben, sondern auch fehler berichtigen und „aus-wischen“ konnte.

1 a) Suche alle Nomen heraus. Die Artikelprobe hilft dir dabei.

START **die Stadt, das Jahr, der Christus, ...**

b) Schreibe die Nomen mit ihren Begleitwörtern heraus. Sollte ein Nomen kein Begleitwort haben, finde ein passendes.

START **die römische Stadt – das vergangene Jahr ...**

2 Welche Wörter kannst du zu einem Wort zusammensetzen? Schreibe sie auf. Achte dabei auf die Groß- und Kleinschreibung.

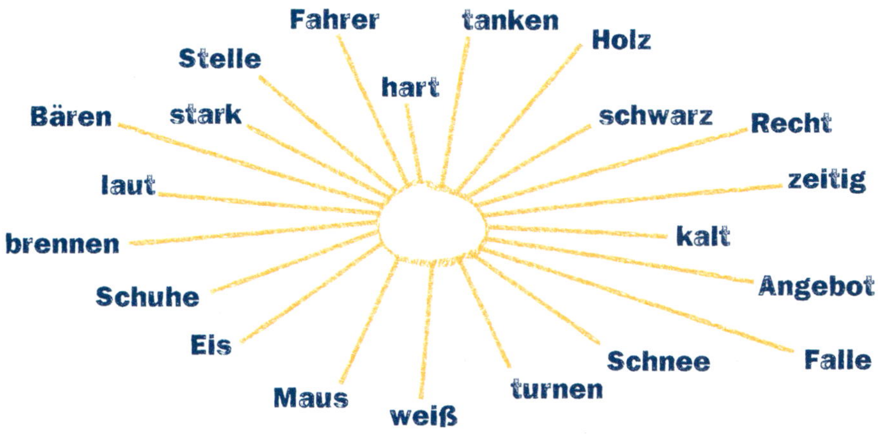

Wozu brauchen wir die Wälder?

Für unser Klima spielen Bäume eine besondere Rolle, denn sie sorgen für sauerstoffreiche Luft. An Wochenenden wandern deshalb Erholung suchende Menschen durch den Wald, weil sie dort gesunde Luft vorfinden. Eine hundertjährige Buche deckt z. B. den täglichen Sauerstoffbedarf von drei Menschen. Der lockere Waldboden reinigt verschmutztes Wasser. Grundwasser aus Waldgebieten wird daher bevorzugt als Trinkwasser genutzt. Das Holz der Bäume wird als Bauholz verwendet, wird zu Schreibpapier, Pappe und Holzkohle verarbeitet oder als Brennmaterial genutzt.

3 a) Schreibe die unterstrichenen Wörter heraus und ordne sie nach Groß- und Kleinschreibung.

b) Ziehe senkrechte Striche dort, wo die Wörter zusammengesetzt sind.

START

Großschreibung	Kleinschreibung
...	sauer|stoff|reich
...	...

c) Unterstreiche bei jedem Wort den letzten Wortteil. Um welche Wortart handelt es sich jeweils?

Merke!

Bei **zusammengesetzten Wörtern** bestimmt der letzte Wortteil, ob das Wort groß- oder kleingeschrieben wird:

Umwelt + freundlich
▶ *umweltfreundlich*
blau + Licht
▶ *Blaulicht*
brennen + Holz
▶ *Brennholz*
Wald + Boden
▶ *Waldboden*

An Fehlerschwerpunkten üben

Nomen an ihren Begleitwörtern erkennen

Merke!

Begleitwörter sind
Artikel:
der, die, ein, ...
Präpositionen:
nach, vor, in, auf, ...
Pronomen:
mein, sein, ihre, ...
unbestimmte Zahlwörter:
viel, wenige, einige, ...
Adjektive:
schön, gut, anstrengend, ...

1 a) Schreibe jedes Nomen mit unterschiedlichen Begleitwörtern auf.

START **die Freundin, meine Freundin, einige Freundinnen, ...**

b) Suche sinnvolle Adjektive und stelle sie zwischen Begleitwörter und Nomen.

START **eine liebe Freundin, meine beste Freundin, ...**

c) Setze zu jedem Nomen mit Begleitwörtern ein passendes Verb.

START **meine beste Freundin einladen**

d) Bilde nun mit einigen Nomen Sätze.

START **Ich lade meine beste Freundin zum Geburtstag ein.**

WAS IST REGEN?

MIT REGEN BEZEICHNET MAN EINEN FLÜSSIGEN NIEDERSCHLAG MIT EINER TROPFENGRÖẞE ZWISCHEN 0,5 UND 7 MILLIMETERN. WENN ES REGNET, HABEN SICH DIE WASSERTRÖPFCHEN IN EINER WOLKE ZU GRÖẞEREN TROPFEN VEREINIGT, DIE AUF DIE ERDE FALLEN. DIE WINZIGEN WASSERTRÖPFCHEN IM OBEREN TEIL DER WOLKE HÄNGEN SICH ZUM BEISPIEL AN

STAUBKÖRNCHEN ODER EISKRISTALLEN FEST, SO GENANNTE KONDENSATIONSKERNE. SIE BILDEN AUF DIESE WEISE GRÖẞERE TROPFEN. DANN FALLEN DIESE GRÖẞEREN, SCHWEREREN TROPFEN DURCH DIE WOLKE HINDURCH UND REIẞEN DABEI VIELE ANDERE TROPFEN MIT SICH. EIN REGENTROPFEN KOMMT UNS ZWAR KLEIN VOR, ER IST JEDOCH TAUSENDMAL GRÖẞER ALS DAS URSPRÜNGLICHE TRÖPFCHEN. BEI BESTIMMTEN TEMPERATUREN KÖNNEN REGENTROPFEN AUCH VERDAMPFEN, BEVOR SIE DIE ERDOBERFLÄCHE ERREICHEN. MANCHMAL GEFRIEREN SIE AUCH UND TREFFEN ALS EISKÖRNER AM BODEN AUF.

2 a) Schreibe die ersten drei Sätze in der richtigen Groß- und Kleinschreibung in dein Heft.

b) Schreibe die Nomen der restlichen Sätze mit ihren Begleitwörtern heraus.

Lösungen
▶ S. 213

Aus Verben werden Nomen

1 Die Schülerinnen und Schüler der Klasse 6a haben in der Schule eine Umfrage zum Thema Freizeitgestaltung durchgeführt.

Merke!

Verben können **als Nomen** gebraucht werden, wenn sie ein **Begleitwort** haben:
Das Lesen macht ihm Spaß.
Sie kommt kaum zum Lesen.

a) In den Antworten der Lehrerin treten die Verben unterschiedlich geschrieben auf. Erkläre den Unterschied.

b) Schreibe die Sätze der Lehrerin und die folgenden Sätze einiger Mitschüler und Mitschülerinnen ab. Unterstreiche die Verben, die wie Nomen gebraucht werden, mit den dazugehörigen Begleitwörtern.

Mein Bruder und ich laufen und rennen gern. Zum Laufen und Rennen gehen wir meist auf den Sportplatz.

Mein Freund und ich skaten häufig. Wir treffen oft coole Typen beim Skaten.

Ich spiele viel am Computer. Das Spielen finde ich superspannend.

c) Schreibe auch diese Sätze ab und entscheide, ob das Verb groß- oder kleingeschrieben werden muss.

- Am ZEICHNEN von Comicfiguren hat Robert großen Spaß. Er ZEICHNET die Comicfiguren besonders gut.
- Anne hat das SCHWIMMEN und TAUCHEN entdeckt. Mit ihren Freundinnen geht sie fast jeden Samstag zum SCHWIMMEN und TAUCHEN ins Schwimmbad.
- Anfangs hasste Moritz das ÜBEN auf der Gitarre. Jetzt ÜBT er jeden Tag.
- Karla TANZT in der Jazzdance-AG. Beim TANZEN fühlt sie sich richtig gut.

2 Übertrage die Tabelle in dein Heft und ordne die Verben aus den Aufgaben 1a, b und c ein.

Signalwörter für die Großschreibung

Verb	Artikel oder Pronomen	Artikel und Adjektiv	Präposition und Artikel
lesen	das Lesen mein Lesen	das laute Lesen	bei dem Lesen beim Lesen
...	...	...	...

Tipp
Hier sind Artikel versteckt:
im = in dem
am = an dem
beim = bei dem
vom = von dem
zum = zu dem

3 Schreibe auf, was beim Erledigen der Hausaufgaben stört.

START **Das Lärmen des Verkehrs stört beim Erledigen der Hausaufgaben.**

Adjektive wie Nomen gebrauchen

Eine Schule der Zukunft?

Allen Lernfreudigen bietet die Fantasie-Schule **genug Neues, allerlei Anregendes und viel Interessantes. Das Auffällige** an dieser Schule ist, dass sie keine festen Klassenräume, keine Klassenlehrer oder -lehrerinnen und vorgeschriebene Lehrpläne kennt. Dass sich jeder Schüler und jede Schülerin eigene Lernprogramme zusammenstellen darf, ist **das Außergewöhnlichste** an dieser Schule, die immer Lust aufs Lernen macht. Aber **das Tollste** ist, dass es keinerlei Zensuren gibt und niemand eine Klasse wiederholen muss. Einmal in der Woche wird **etwas Besonderes** geboten, z. B. eine Theateraufführung oder ein Sportwettbewerb. Schülerinnen und Schüler können Pausen einlegen, wann sie wollen, **im Freien** spielen, Musik hören oder sich in den Erholungsraum zurückziehen. Im ganzen Haus herrscht eine freundliche Stimmung. **Das viele Grün** im Haus und um das Haus herum hat **etwas Beruhigendes.** In dieser fantastischen Schule wird ständig **das Nützliche mit dem Angenehmen** verbunden. Hier gibt es **nichts Langweiliges.**

Merke!

Adjektive, die **als Nomen** gebraucht werden, schreibt man **groß:**
Ich verbinde das Nützliche mit dem Angenehmen.
Es gibt viel Schönes zu entdecken.

1 a) Die fett gedruckten Stellen in dieser Beschreibung enthalten Adjektive. Erkläre, warum sie großgeschrieben werden.

b) Lege in deinem Heft diese Tabelle an und ordne die Adjektive ein, die wie Nomen gebraucht wurden.

Signalwörter für die Großschreibung

Adjektiv	mit Artikel	mit Präposition und Artikel	mit unbestimmtem Zahlwort
lernfreudig	die Lernfreudigen	...	manche Lernfreudige
...	...	im Freien	...

Tipp

Unbestimmte Zahlwörter:
viel, wenig, übrig, manche, wenige, alle, mehrere, ganz, allerlei ...

2 Bei einer Führung durch die Schule siehst du

– vieles, was schön ist
– manches, was selten ist
– genug, was reizvoll ist
– nichts, was hässlich ist

Forme die Sätze so um, dass das Adjektiv als Nomen gebraucht wird.

START **Bei der Führung durch die Schule habe ich viel Schönes gesehen.**

3 a) Suche aus den folgenden Sätzen die großgeschriebenen Adjektive heraus und ordne sie mit ihren Begleitwörtern in die Tabelle von Aufgabe 1 b ein.

Morgen besprechen wir alles Übrige. Dann kommen wir auch zum Wesentlichen. Ihr werdet dann nicht mehr im Dunkeln tappen, denn ich lasse euch nicht weiterhin im Unklaren. Bald werdet ihr nicht mehr auf dem Trockenen sitzen und im Trüben fischen, da ich morgen alles zum Besten geben werde, was noch im Verborgenen liegt.

b) Diktiert euch die Sätze als Partnerdiktat. Klärt vorher die Bedeutung der euch unbekannten Redewendungen.

Tipp
Unbestimmte Zahlwörter schreibt man **groß**, wenn sie **als Nomen** gebraucht werden:
alles Übrige
das Ganze

4

VEREINT SIND AUCH DIE SCHWACHEN MÄCHTIG.

MANCHER SCHIEßT INS BLAUE UND TRIFFT INS SCHWARZE.

AM ABEND WIRD DER FAULE FLEIßIG.

DER GESUNDE HAT TAUSEND WÜNSCHE, DER KRANKE NUR EINEN.

DEM MUTIGEN GEHÖRT DIE WELT.

a) Lies die Sprichwörter. Was bedeuten sie jeweils?

b) Schreibe sie in der richtigen Groß- und Kleinschreibung ab.

Tipp
Auch **Farbadjektive** schreibt man **groß**, wenn sie **als Nomen** gebraucht werden:
ins Schwarze treffen

Redensarten und bildliche Vergleiche
▶ S. 194 f.

Schreibweisen bei lang gesprochenen Vokalen

Merke!

Lang gesprochene Vokale können so geschrieben werden:
- einfacher Vokal: ***H**o**f***
- Verdopplung des Vokals: ***Moo**r*
- Vokal + Dehnungs-h: ***fah**ren*
- Langes i: i + e: ***Knie***
- Doppellaut: ***Rau**m*

1 a) Lies die Wörter dieser Wörterkette. Sprich sie deutlich.

b) Lege diese Tabelle an und ordne die Wörter ein.

ohne Dehnungszeichen	mit Dehnungszeichen (h, ie)	mit Doppelvokal (aa, ee, oo)	mit Doppellaut (au, äu, ei, eu)
Schule	...	...	Pause
...	...	...	...

c) Ergänze die Tabelle mit weiteren Wörtern, die lang gesprochene Vokale enthalten.

2 a) Finde die zehn Wörter, die in dem Rätsel waagerecht und senkrecht versteckt sind. Schreibe sie in dein Heft.

A	B	S	C	H	I	E	F	E	R
S	O	T	U	S	P	I	E	L	H
V	H	X	Y	Z	A	B	C	T	U
S	N	D	E	B	T	I	E	F	V
T	E	G	H	E	L	S	N	R	N
A	N	I	K	S	R	A	K	I	O
H	I	F	X	E	S	A	L	E	P
L	K	E	S	N	T	L	A	D	Q
T	A	L	Q	I	O	M	E	E	C
A	C	R	B	R	I	E	F	N	T

b) Markiere die lang gesprochenen Vokale. Wie werden sie jeweils geschrieben?

3 a) Übertrage das Rätsel in dein Heft. Ergänze die fehlenden Buchstaben, sodass sinnvolle Wörter entstehen.
Achte dabei auf die richtige Groß- und Kleinschreibung.

f	ü	h	l	e	n
f	*	*	r	*	*
r	*	*	r	*	*
r	*	*	m	*	*

L	e	h	n	e
S	*	*	*	*
S	a	*	*	*
F	*	*	*	*

Z	a	h	l
z	*	*	m
l	*	*	m
L	e	*	m

w	a	h	r
W	*	*	l
k	*	*	*
K	*	*	n

b) Finde zu jedem Wort verwandte Wörter.
Kontrolliere sie mit dem Wörterbuch.

START *fühlen, das Gefühl, fühlbar*

4 Finde mit Hilfe des Wörterbuchs heraus, ob das Wort mit oder ohne *h* geschrieben wird.
Schreibe die Sätze in der richtigen Schreibweise ab.

- Vögel nisten auch in hohlen/holen Baustämmen.
- Heute geht Ulla mit einem flauhen/flauen Gefühl im Magen in die Schule.
- Unser Nachbar ist vielleicht ein griesgrähmiger/griesgrämiger Mensch.
- Der Braten ist noch nicht ganz gahr/gar.
- Herr Beier fährt einen „dicken Schlitten“ und prahlt/pralt damit.
- Wir spühlen/spülen noch mit der Hand.
- Deswegen brauchst du dich doch nicht zu schähmen/schämen.
- Weißt du, dass Dühnen/Dünen wandern?
- Ich finde, dass Paprikaschohten/Paprikaschoten roh und gekocht gut schmecken.

Gleicher Klang – unterschiedliche Schreibweise – andere Bedeutung

leeren
wahr
die Waagen
viel
das Meer
das Lied
wieder
die Wahl
war
die Mine
der Wal
die Sohle
der Stiel
der Bote
die Miene
die Boote
fiel
der Stil
mehr
wider
die Sole
lehren
das Lid
der Wagen

1 Sprich die Wörter zu den Bildern. Höre genau. Was stellst du fest? Kennst du weitere Beispiele? Nenne sie und erkläre die Bedeutung der jeweiligen Wörter.

2 Suche zu jeder Umschreibung das passende Wort aus der Wortliste.

Präteritum von *ist:* …
große Anzahl: …
Sprengkörper: …
bedeutet *gegen:* …
größtes Meeressäugetier: …
den Inhalt herausnehmen: …

Gegenteil von *falsch:* …
Präteritum von *fällt:* …
Gesichtsausdruck: …
bedeutet *noch einmal:* …
Abstimmung: …
unterrichten: …

START **Präteritum von ist: war**
Gegenteil von falsch: wahr

3 Bilde mit fünf Wörtern aus der Wortliste Sätze.

START **Ist das wahr, dass du ein Autogramm von deinem Lieblingsfußballer hast?**

4 Umschreibe die Wörter aus der Wortliste, die in Aufgabe 2 noch nicht erklärt wurden.

ß nach langem Vokal

Zwei Flöße
von ganz enormer Größe
trieben einen reißenden Strom hinab,
da trennten sich die Stämme ab.

Der Flößer ließ sich nicht verdrießen,
er will die schöne Fahrt genießen.
Drum stellt er sich schnell auf einen Stamm
und hat seinen Spaß, weil er das kann.

1 a) Lies die beiden Strophen vor.
Sprich nun nur die Wörter mit *ß* besonders deutlich aus und höre, wie der s-Laut klingt. Erkläre, wie der Vokal, Umlaut oder Doppellaut vor dem *ß* gesprochen wird.

b) Schreibe alle Wörter mit *ß* in dein Heft. Unterstreiche dabei den lang gesprochenen Vokal, Umlaut oder Doppellaut.

START **zwei Flöße, ...**

2 a) Lies die Nomen in der Wortliste. Schreibe sie mit Artikel im Singular und Plural auf.

START ***das Floß – die Flöße,***

b) Bilde zusammengesetzte Nomen mit den Wörtern der Wortliste und folgenden Wörtern:

Holz – Pilz – Schuh – Gemüse – Liebe – Kind – Haupt – Blume – Fleisch

START ***die Holzflöße***

3 Ergänze die Reimwörter.

grüßen	heißen	fließen
b****	b*****	g*****
s****	r*****	gen*****
	schm*****	schl*****

Merke!

Nach einem **langen betonten Vokal** oder **nach** den Doppellauten **au, äu, ei** oder **eu** schreibt man den stimmlosen s-Laut **ß:**
Größe
fließen
Strauß

die Flöße
die Sträuße
die Straße
die Spieße
die Füße
die Größe
die Grüße
die Klöße
die Soße

Wörter mit ss

Merke!
Nach einem **kurzen betonten Vokal** schreibt man den s-Laut **ss.**
Schloss
fassen
flüssig

die Adresse
die Assel
die Fessel
der Guss
die Kasse
der Kessel
die Masse
die Messe
die Nessel
der Pass
der Riss
der Sessel
das Wasser

1 a) Lies diese Wörter. Wie wird der Stammvokal gesprochen? Achte darauf, wie der s-Laut gesprochen und geschrieben wird.

b) Erkläre den Unterschied zu den Wörtern, bei denen der s-Laut als *ß* geschrieben wird.

c) Schreibe die Wörter ab und kennzeichne den kurz gesprochenen Vokal.

START **Wasser, ...**

2 a) Bilde mit den Nomen aus der Wortliste Zusammensetzungen.

START **die Assel – die Kellerassel, ...**

b) Setze die fehlenden Vokale in die Verben ein.

*ss*n, f*ss*n, h*ss*n, k*ss*n, l*ss*n, pr*ss*n, qu*ss*ln, v*rg*ss*n, v*rm*ss*n, w*ss*n

c) Wähle Wörter aus den Aufgaben 2 a und 2 b aus und bilde lustige Unsinnsätze.

START **Die Kellerasseln essen vom Tortenguss.**

3 In den folgenden Nomen sind Adjektive versteckt. Schreibe das Nomen mit seinem Artikel ab und das Adjektiv heraus.

Leichenblässe – Nassschnee – Hässlichkeit – Flüssigkeit – Sesshaftigkeit – Vergesslichkeit – Massenmedien

START **die Leichenblässe – blass**

ss oder ß?

1 a) Übertrage die Tabelle in dein Heft und vervollständige sie.
Sprich den s-Laut in den fehlenden Wörtern deutlich aus.

Infinitiv	Präsens	Präteritum	verwandtes Wort
…	…	wir aßen	…
wissen	…	…	…
	er beißt	…	…
fließen	…	…	…
…	…	ich genoss	…
…	…	…	der Schulabschluss

b) Ergänze die Tabelle mit mindestens drei weiteren Verben, die im Infinitiv *ss* oder *ß* enthalten.

2 Entscheide, ob *s, ss* oder *ß* eingesetzt werden muss.
Schreibe die Wörter in dein Heft.

das Pa*bild – die Schlie*fächer – die Blechdo*e – der Ku* – das Gebläse*e – das Gequa*el – die Ö*e – der Rei*verschlu* – fa*ungslo* – abschlie*en – verge*lich – au*en – der Bewei* – ungenie*bar – me*bar – be*enrein – spa*ig – rie*engro* – bewu*t – rei*efertig – prei*wert – das Ma*band – die Stra*e

sch- Z- F/f-
h- D- n-
kn- St- B-
pr- K-
W- Qu-

L- Bl-
K- gl-
D- s-
St- m-

W- schn-
Br- gr-

Schreibweisen bei kurz gesprochenen Vokalen

1 a) Setze aus den Wortbausteinen oben und denen aus der Wortliste Reimwörter zusammen. Schreibe sie auf.

START *schallen, hallen, …*

b) Sprich die Wörter deutlich aus. Wie wird der Stammvokal gesprochen? Welche Regel kannst du aufstellen?

c) Markiere den kurz gesprochenen Vokal durch einen Punkt. Kreise die nachfolgenden Doppelkonsonanten farbig ein.

START *das Wetter – die Bretter – der Retter*

2 Schreibt diesen Text Satz für Satz als Partnerdiktat. Kreist anschließend alle Doppelkonsonanten farbig ein.

Eine Affenschande

„Und schafft mir bloß den Abwasch weg!
Das ganze Geschirr und auch das Besteck."
„Herr Wärter, das werden wir schon schaffen!",
brüllten ohne jedes Gejammer die drei Affen.
Was für ein Irrtum: Nach dem Essen waren sie matt,
von Kartoffeln und Kokosnüssen völlig satt,
und sie schütteten mit Gebrüll
das ganze Geschirr auf den Müll.
Dann warfen sie Löffel, Messer und Gabeln hinterher.
„Herr Wärter! Abwasch ist doch gar nicht so schwer."

Wörter mit ck und tz

Merke!

Nach **kurz gesprochenem Vokal** wird **ck** statt **kk**, **tz** statt **zz** geschrieben: *packen, sitzen*

1 a) Bilde Reimwörter und sprich sie deutlich. Achte auf den Vokal im Wortstamm. Wie wird der Vokal gesprochen? Welche Buchstaben folgen auf den Vokal?

b) Schreibe die Reimwörter auf und ergänze weitere. Markiere den kurz gesprochenen Vokal durch einen Punkt und kreise *ck* bzw. *tz* farbig ein.

START **schmecken – verstecken – verschrecken – wecken - ...**
vernetzen – verletzen – hetzen – ...

2 Wechsle den kurz gesprochenen Vokal durch einen anderen Vokal oder Umlaut aus. Schreibe alle Verben auf.

START **necken – nicken, blicken – ..., bocken – ..., ducken – ...,**
schwatzen – ..., sitzen – ..., putzen – ..., schätzen – ...

3 Probiert folgendes Spiel aus: Beschriftet die sechs Seiten eines Würfels mit *eck, ock, uck, etz, itz, utz.*

- Eine/einer würfelt.
- Alle schreiben möglichst schnell drei Wörter mit dem gewürfelten Wortbaustein auf.
- Wer zuerst fertig ist, ruft „Stopp!“. Die anderen Mitspieler müssen aufhören zu schreiben.
- Vergleicht nun eure Wörter und verteilt Punkte.

Getrennt- und Zusammenschreibung

Anna und Max haben ihren Eltern folgenden Gutschein geschenkt.

Gutschein für Mama und Papa
von Anna und Max
für die Ferien

★ zweimal Essen kochen ★
★ morgens mit Rex spazieren gehen ★
★ den Rasen mähen ★
★ dreimal in der Woche einkaufen gehen ★
★ am Wochenende die Wäsche waschen ★

Merke!
Die meisten **Ausdrücke aus Nomen und Verb** schreibt man **getrennt:**
Kuchen backen
Rad fahren
Schnee räumen

1 a) Schreibe auf, was die Kinder in den Ferien getan haben.

START Max und Anna kochten zweimal das Essen.

b) Zu welchen Wortarten gehören die Ausdrücke für die Tätigkeiten, die die Kinder übernommen haben?

c) Stelle eine Regel für die Schreibweise dieser Ausdrücke auf.

2 a) Lege zwei Tabellen an und trage die Ausdrücke ein.

Nomen	Verb
Essen	kochen
...	...

Verb	Verb
spazieren	gehen
...	...

Merke!
Ausdrücke, die **aus zwei Verben** bestehen, schreibt man **immer getrennt:**
kennen lernen
hängen lassen
kleben bleiben
essen gehen

b) Ergänze weitere Ausdrücke aus
- Verb + Verb oder
- Nomen + Verb.

START essen gehen
Schnee räumen
...

3 a) Lest das Gespräch zwischen Anna, Max und ihren Eltern mit verteilten Rollen.

b) Vergleiche die Schreibweise der Ausdrücke für die Tätigkeiten der Kinder in diesen Sätzen mit der Schreibweise auf dem Gutschein. Stelle eine Regel auf.

c) Schreibe die Sätze ab und unterstreiche die Ausdrücke.

d) Stelle die Ausdrücke gegenüber.

START **den Rasen mähen – nach dem Rasenmähen**

Merke!
Werden **Ausdrücke als Nomen** gebraucht, schreibt man sie **zusammen** und **groß:**
das Kuchenbacken
beim Radfahren
nach dem Einparken
zum Kennenlernen

4 a) Entscheide, ob folgende Ausdrücke getrennt oder zusammengeschrieben werden.
- Im Urlaub hat Maria ein Mädchen aus England KENNEN/GELERNT. Sie freut sich, dass sie BRIEFFREUNDSCHAFT/HALTEN.
- Uwe hört beim AUTO/FAHREN oft Musik.
- Das MUSIK/HÖREN fördert aber nicht seine Konzentration.
- Ich stellte mich beim SCHNEE/RÄUMEN gestern so ungeschickt an, dass ich aufhören durfte.
- Wenn sich Sandra weiter so HÄNGEN/LÄSST, wird sie das Jahr wiederholen müssen. Ob ihr das SITZEN/BLEIBEN etwas nützt?

b) Kontrolliere mit dem Lösungsteil.

Lösungen ▶ S. 213

Tipp
Viele Verben, die von Fremdwörtern abgeleitet sind, enden auf *-ieren*:
reparieren
probieren

Merke!
In **Fremdwörtern** steht für den langen i-Laut oft nur **i:**
Ventil
Stativ
Ruin

Fremdwörter richtig schreiben

1 a) Erkläre die Bedeutung der Fremdwörter, die du bereits kennst.

1. Komposition, interessant, Demonstration, Diskussion, Reparatur, Funktion, Experiment
2. Match, Chat, Jogging, Charts, Show, Foul, Management
3. Massage, Friseur, Parfum, Blamage, Reportage, Ingenieur, Etage

b) Versuche mit Hilfe des Wörterbuchs die Herkunft der Fremdwörter zu klären.

c) Zu welchem Nomen findest du ein Verb? Schlage im Wörterbuch nach. Schreibe Verb und Nomen auf.

d) Schreibe zu jedem Fremdwort einen Satz.

START *Mozart schrieb viele Kompositionen.*

2 a) Welche Fremdwörter kann die Maschine herstellen? Setze die Wortbausteine zusammen und schreibe die Fremdwörter in dein Heft. Schreibe die Nomen mit Artikel.

b) Was bedeuten die Fremdwörter? Umschreibe für deine Partnerin/deinen Partner fünf von ihnen. Diese/dieser muss sie dann erraten.

START *eine Flüssigkeit, die Motoren antreibt (→ Benzin)*

Wörter trennen

1 Welchen Fehler hat Max hier gemacht? Wie kannst du das Problem umgehen?

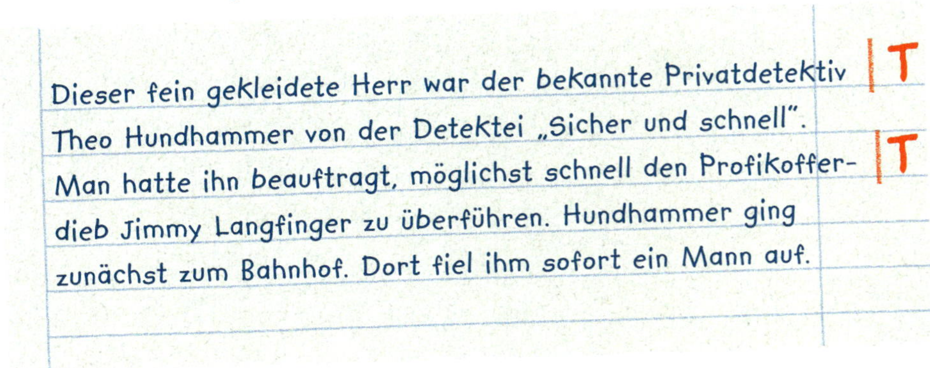
Dieser fein gekleidete Herr war der bekannte Privatdetektiv | T
Theo Hundhammer von der Detektei „Sicher und schnell“.
Man hatte ihn beauftragt, möglichst schnell den Profikoffer- | T
dieb Jimmy Langfinger zu überführen. Hundhammer ging
zunächst zum Bahnhof. Dort fiel ihm sofort ein Mann auf.

2 Lies die Trennregeln und erkläre, nach welcher Regel getrennt wurde.

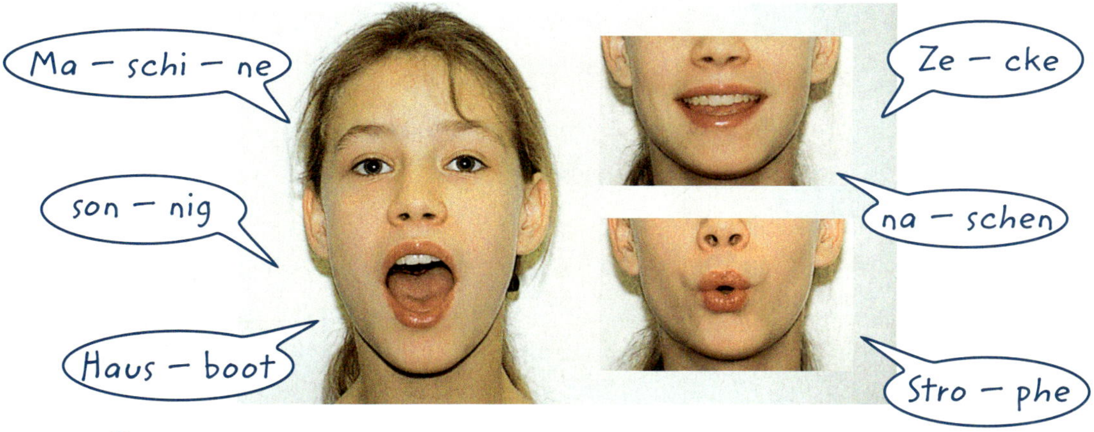

Merke!

Wörter werden **nach Sprechsilben** oder **zwischen ihren Wortbausteinen** getrennt:
Pal-me
Häu-ser
Schlaf-lied
Haus-tür
Buchstabenverbindungen wie **ch, ck und sch** werden **nicht getrennt:**
dre-ckig
mi-schen
spre-chen
Einsilbige Wörter kann man nicht trennen:
Tür
Tor

3 **Verr-ückt-er Trennstrich!**
Sprich das Wort deutlich in Silben und denke an die Regeln. Verbessere die falsch getrennten Wörter in deinem Heft.

Plät – zchen	verschü – tten	Zeit – ung
heiß – en	lu – stig	Brüc – ke
besi – tzen	dräng – eln	intere – ssant

4 Setze die Silben zu Wörtern zusammen und zeichne Silbenbögen darunter.

ben – di – Ent – gungs – schrei – schul
Kon – ra – ti – on – zent
be – Frei – gung – schäf – ti – zeit
al – ni – Kas – en – ta – lee

Zeichensetzung bei wörtlicher Rede

Zwei Herren sitzen sich im Eisenbahnabteil zwischen Nürnberg und Fürth gegenüber. Der eine öffnet in regelmäßigen Abständen das Fenster des fahrenden Zuges und streut etwas hinaus. Nach einer Weile fragt ihn der andere: „Warum machen Sie das?“ „Ich streue Pfeffer, um Löwen zu vertreiben“, antwortet dieser. „Aber hier gibt es doch gar keine Löwen“, sagt lachend der andere. „Eben“, antwortet der eine, „weil es so gut wirkt.“

Merke!

Zeichen bei der **wörtlichen Rede:**

Bei **vorangestelltem Begleitsatz:**

___: „ ... .“
___: „ ... ?“
___: „ ... !“

Bei **nachgestelltem Begleitsatz:**

„ ...“, ___ .
„ ... ?“, ___.
„ ... !“, ___ .

Bei **eingeschobenem Begleitsatz:**

„ ...“, ___ , „ ... .“
„ ...“, ___ , „ ... ?“
„ ...“, ___ , „ ... !“

1 a) Lies diesen Witz. Erkläre, wie die Zeichensetzung bei der wörtlichen Rede funktioniert.

b) Schreibe den Witz ab. Markiere Begleitsätze und Redeteile in unterschiedlichen Farben.

2 Hier gibt es noch mehr zu lachen.

Der Lehrer zählt auf Es gibt Millimeter, Dezimeter ... und was noch? Elfmeter! ruft Uwe in die Klasse.

Rico ist ziemlich verfressen. Kann ich auch zwei Stücke Kuchen haben? bittet er laut. Kannst du antwortet seine Schwester nimm ein Messer und schneid dir ein Stück noch mal durch.

Nora wird in der U-Bahn ohne Fahrkarte erwischt. Warum hast du keine Fahrkarte? fragt der Kontrolleur streng. Kess verteidigt sich das Mädchen Heutzutage muss doch jeder sparen.

a) Schreibe auch diese Witze ab und setze die nötigen Zeichen.

b) Vergleiche mit dem Lösungsteil.

Lösungen
▶ S. 213

3 Ergänze die wörtliche Rede mit einem passenden Redeteil. Schreibe die Sätze in dein Heft.

„..........“, berichtet mein Bruder begeistert, „......... .“
„..........“, jammert Holger, „......... .“
„..........?“, fragte unser Lehrer.
„..........!“, rief meine Mutter mir zu.

4 Schreibe zu dieser Bilderfolge eine kurze Geschichte. Verwende die Sätze in den Sprech- und Gedankenblasen als wörtliche Rede. Benutze dabei die Verben in der Wortliste für die Begleitsätze. Denke daran, dass Begleitsätze vorangestellt, nachgestellt oder eingeschoben werden können.

START **„Ah, Herr von Rabe. Guten Tag!“, begrüßte der Fuchs mit vorgetäuschter Freundlichkeit den Raben.**

begrüßen
fragen
schmeicheln
murmeln
knurren
denken
überlegen
beschließen
in den Sinn kommen
antworten

Rechtschreiben trainieren

Mit Wortlisten trainieren

1
ein bisschen
interessant
kaputt
passieren
das Abendbrot
das Fahrrad
die Lehrerin
allgemein
außerdem
schließlich
die Belohnung
Bescheid sagen
glücklich
befehlen
nämlich
das Spielzeug
ziemlich

Wörter aufschreiben

1. Einprägen	Das Wort ansehen und einprägen, dann mit einem Blatt Papier abdecken.
2. Aufschreiben	Das Wort aus dem Gedächtnis aufschreiben und mit der Vorlage vergleichen.
3. Berichtigen	Ein falsch geschriebenes Wort durchstreichen und richtig daneben schreiben.
4. Überprüfen	Zum Schluss alle Wörter mit der Vorlage vergleichen.

1 a) Übe die Wörter aus der Wortliste 1 in diesen Schritten.

b) Diktiert euch gegenseitig die Wörter.

c) Kontrolliert und verbessert euch gegenseitig.

2 **Wörter in einen Text einsetzen**
Schreibe diesen Text sorgfältig ab und setze die Wörter aus der Wortliste 2 passend ein.

Wildbienen

In Deutschland gibt es _____ der Honigbiene rund 500 weitere Bienenarten. Diese werden auch als _____ bezeichnet. Wildbienen kann man von April bis Oktober fast überall sehen. Die meisten Menschen wissen nicht, wie wichtig sie im _____ sind. Gerade die Wildbienen sind es, die in ihrer _____ Bäume und Blütenpflanzen _____ und befruchten. Deswegen wurden alle Wildbienenarten unter besonderen _____ gestellt. Um die _____ der Wildbienen zu verbessern, müssen ein ausreichendes Angebot an blühenden Pflanzen und geeignete Plätze zum _____ vorhanden sein.

2
die Wildbienen
bestäuben
der Naturhaushalt
die Artenvielfalt
der Schutz
außer
die Lebensbedingungen
der Nistbau

3 Wörter ordnen

Mit Wortlisten kannst du auch noch anders üben.

a) Ordne die Wörter der Liste 1 nach Wortarten.

Nomen	Verben	Adjektive	andere Wörter
die Maske	…	…	vielleicht
…	…	…	…

b) Ordne die Wörter der Liste 2 nach der Betonung ihres Stammvokals.

kurz betonter Stammvokal	lang betonter Stammvokal
muffig	ahnen
…	…

c) Sprich die Wörter der Liste 3 deutlich. Ordne sie nach der Aussprache des V-Lautes.

V/v wie „w"	V/v wie „f"
der November	viel
…	…

d) Lies die Wörter der Liste Nummer 4 und höre auf die Sprechweise. Was stellst du fest?
Lege in deinem Heft eine Tabelle an und ordne die Wörter richtig ein.

x	gs	ks	chs	cks
…	…	…	die Achse	…
…	…	…	…	…

1
tüchtig
die Maske
vielleicht
interessieren
die Angst
meistens
erschrecken

2
muffig
plötzlich
die Idee
der Schluss
draußen
hungrig
heftig
brüderlich
die Reste
ahnen

3
der November
die Kurve
viel
die Vase
vielleicht
das Volk
das Viertel
das Silvester
bravo

4
der Dachs
der Keks
die Axt
die Achse
unterwegs
der Boxer
der Klecks
links
sechs
anfangs
die Eidechse

Mit einer Rechtschreibkartei üben

Jede/jeder macht andere Fehler. Deshalb ist es wichtig, dass du deine eigenen Fehlerwörter sammelst und immer wieder übst. Dabei hilft dir z. B. eine Rechtschreibkartei.

1 Gehe beim Anlegen deiner Rechtschreibkartei so vor:

Eine Rechtschreibkartei anlegen

1. Schreibe das Wort, das du falsch geschrieben hast, in der richtigen Schreibung auf eine Karteikarte.
2. Markiere die Stelle, die du vorher falsch geschrieben hast.
3. Ergänze ein oder mehrere verwandte Wörter und Sätze, in denen dein Fehlerwort vorkommt.

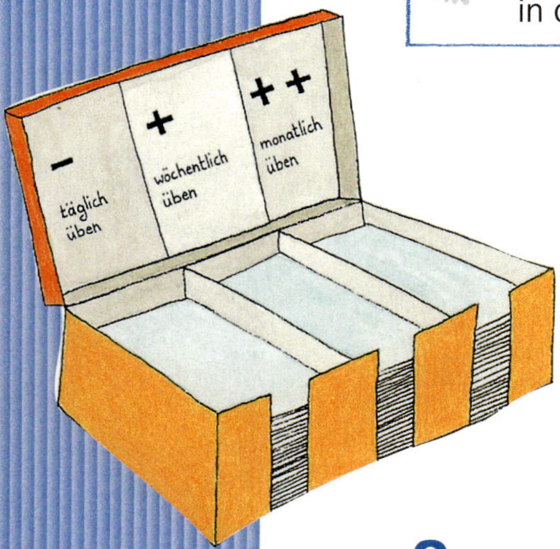

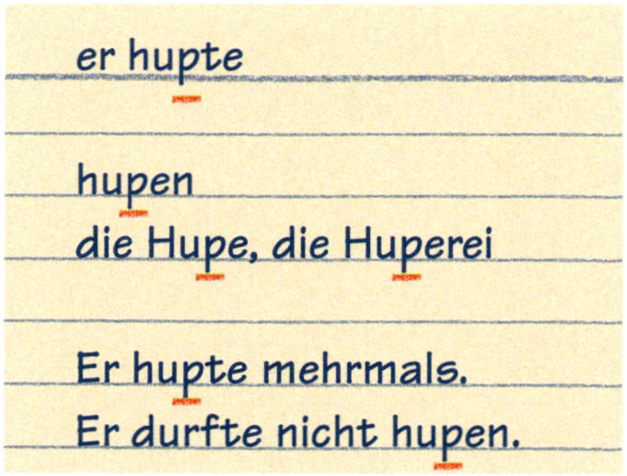

Fehlerwort

verwandte Wörter

Beispielsätze

2 a) Lege nach diesem Muster Karteikarten an zu den Wörtern

interessant – ungefähr – lehren.

b) Übe mit deiner Rechtschreibkartei.
Wähle eine oder mehrere der folgenden Möglichkeiten aus:

- Schreibe die Wörter und Sätze von der Karteikarte ab.
- Suche weitere verwandte Wörter oder Beispielsätze.
- Setze die Wörter mit anderen zusammen.
- Verlängere die Wörter.
- Schreibe die Wörter und Sätze aus dem Gedächtnis auf.
- Lass dir die Wörter und Sätze diktieren.

Mit einem Fehlerheft üben

Eine andere Möglichkeit, deine persönlichen Fehlerwörter zu sammeln, ist das Fehlerheft.

1 Gehe beim Anlegen deines Fehlerheftes so vor:

Ein Fehlerheft anlegen

1. Teile einen Ordner, ein Ringbuch oder einen Karteikasten in sechs Abschnitte ein.
2. Lege ein Register an. Beschrifte es mit den Großbuchstaben der Fehlerschwerpunkte.
3. Überlege, zu welchem Fehlerschwerpunkt das Wort gehört, das du falsch geschrieben hast. Ordne es richtig ein.
4. Markiere die Stelle, die du falsch geschrieben hast.
5. Ergänze ein oder mehrere verwandte Wörter.
6. Schreibe Beispielsätze mit deinem Fehlerwort auf.

Inhalt:

A	Groß- und Kleinschreibung	A
B	lang gesprochener Vokal	B
C	kurz gesprochener Vokal	C
D	s, ss und ß	D
E	Getrennt- und Zusammenschreibung	E
F	andere Wörter, z. B. Fremdwörter	F

2 Schau dir die folgenden Seiten aus einem Fehlerheft genau an. Erläutere deiner Lernpartnerin/deinem Lernpartner, wie die Seiten gestaltet sind.

Groß- und Kleinschreibung Verben als Nomen	
das Lachen	Fehlerwort
beim Lachen unser Lachen	Fehlerwort mit Artikel, Pronomen oder Präposition
das Lächerlichste der Lacher	verwandte Wörter
ein Lacherfolg	zusammengesetzte Wörter
Ich hörte lautes Lachen. Sein Lachen war unüberhörbar.	Beispielsätze

lang gesprochener Vokal	
befehlen	Fehlerwort
er befiehlt, er befahl, er hat befohlen	Personalformen
der Befehl, befehlerisch	verwandte Wörter
Befehlshaber, Befehlsform	zusammengesetzte Wörter
Ich befehle dir gar nichts. Sie wollte immer befehlen.	Beispielsätze

kurz gesprochener Vokal	
der Sattel	Fehlerwort
die Sättel, satteln	verwandte Wörter
sattelfest, Satteldach	zusammengesetzte Wörter
Er saß sicher im Sattel. Sie sattelte das Pferd mit einem Cowboy-Sattel.	Beispielsätze

sonstige Wörter	
die Maschine	Fehlerwort
die Schreibmaschine, die Nähmaschine, Maschinenbau	zusammengesetzte Wörter
Gardine, Mandarine, Kabine	Wörter mit ähnlicher Schreibung
Die Maschine brummte so laut, dass man sein eigenes Wort nicht verstehen konnte. Der Dampfer wurde von einer riesigen Maschine angetrieben.	Beispielsätze

3 Lege jeweils eine Fehlerheftseite zu den folgenden Wörtern an:

Lehrerin – Witz – Zacke – das Schöne – das Neue – Alphabet

a) Überlege zunächst, zu welchem Fehlerschwerpunkt die Wörter gehören.

b) Übe dann die Wörter wie auf den Beispielseiten gezeigt.

Mit Diktaten üben

Mit folgenden Diktatformen kannst du Texte, Sätze oder Wörter üben.

1 Das Walkmandiktat

Den Text aufnehmen

1. Markiere in jedem Satz die Diktierabschnitte.

   Suche dir einen ruhigen Platz. Stelle den Kassettenrekorder auf „Aufnahme“ ein.

2. Sprich den ersten Satz mit den Satzzeichen.

3. Diktiere dann die markierten Abschnitte. Mache dazwischen immer eine kleine Pause.

4. Diktiere den ganzen Satz noch einmal.

   Diktiere auf diese Weise den ganzen Text.

5. Lies zum Schluss den gesamten Text vor. Höre dir die Aufnahme an, ob sie gut zu verstehen ist.

Tipp

Diktattexte findest du auf den Seiten 154 und 155. Sprich den gesamten Text langsam und deutlich auf Band. Vermeide dabei eine gekünstelte Sprechweise.

Tipp

Sammelt die besprochenen Kassetten und nutzt sie im offenen Unterricht. Nehmt dazu verschiedene Texte auf.

Das Diktat schreiben

1. Höre zuerst das gesamte Diktat ab. Drücke dann die Pausentaste.

2. Höre dir den ersten Satz an. Drücke die Pausentaste. Wiederhole den Satz leise.

3. Höre die einzelnen Teile des Satzes an. Drücke immer die Pausentaste und schreibe die Teile auf.

4. Höre dir noch einmal den ganzen Satz an. Drücke die Pausentaste und vergleiche. Schreibe das gesamte Diktat auf diese Weise.

5. Lies deinen geschriebenen Text aufmerksam. Wenn du Fehler entdeckst, dann korrigiere sie gleich. Markiere Wörter, bei denen du unsicher bist.

6. Höre nochmals das gesamte Diktat ab und korrigiere Fehler.

Tipp
Mit dem Walkman- oder Kassettendiktat kannst du auch ganz allein zu Hause üben.

Tipp
Wörter, bei denen du zum Schluss noch unsicher bist, schlage nach.

Würfeldiktat

1. Wähle einen Text aus, der aus mindestens sechs Sätzen besteht.
2. Notiere vor jedem Satz eine Zahl zwischen 1 und 6.
3. Würfle. Deine Partnerin/dein Partner diktiert den Satz mit der Augenzahl, die du gewürfelt hast.
4. Nun würfelt deine Partnerin/dein Partner und du diktierst den entsprechenden Satz.
5. Wenn ihr alle Sätze geschrieben habt, tauscht eure Diktate aus und überprüft sie mit der Vorlage. Verbessert, falls nötig, eure Fehler.

2 Schreibe diesen Text als Würfeldiktat auf.

- Eine kurze Entspannungsübung gegen das lange Sitzen: „Wackelpo".
- Setze dich mit gegrätschten Beinen verkehrt auf den Stuhl.
- Die Unterarme stützt du entspannt auf der Stuhllehne ab.
- Nun erfolgt der Sitzwechsel von der rechten auf die linke Gesäßhälfte.
- Die Füße bleiben unverändert auf dem Boden stehen, wenn du von der einen zur anderen Pobacke schaukelst.
- Schließe dabei die Augen, atme ruhig und regelmäßig und bleibe gerade sitzen.

3 Auch mit diesen Diktatformen kannst du die Übungstexte auf den folgenden Seiten abwechslungsreich üben. Probiere es aus.

Partnerdiktat

1. Lest beide den Text genau durch.
2. Lies deiner Partnerin/deinem Partner den ganzen Satz vor. Diktiere ihn dann in einzelnen Abschnitten.
3. Beobachte das Schreiben deiner Partnerin/deines Partners genau. Erkennst du einen Fehler, gib Hilfen zum Berichtigen oder zeige die Vorlage.
4. Der Schreibende streicht daraufhin sein Fehlerwort durch und schreibt es richtig darüber.

Laufdiktat

1. Lege den Text auf einen freien Platz im Raum.
2. Gehe zu dem Text und präge dir ein kurzes Stück ein.
3. Schreibe in dein Heft, was du dir merken konntest.
4. Schreibe so, bis du den ganzen Text aufgeschrieben hast.
5. Vergleiche deinen Text mit der Vorlage und verbessere die Fehler.

Dosendiktat

1. Kopiere einen Diktattext und schneide ihn in Streifen.
2. Nimm die Streifen und ordne sie mit Hilfe der Textvorlage.
3. Lies den Satz des ersten Streifens. Präge ihn dir ein. Lege den Streifen in die Dose zurück.
4. Schreibe den Satz des ersten Streifens in dein Heft.
5. Wiederhole diesen Vorgang mit allen Streifen.
6. Vergleiche deinen Text mit der Vorlage und verbessere die Fehler.

Tipp

Lass beim Schreiben immer eine Zeile frei und halte einen breiten Rand ein. So hast du mehr Platz für Korrekturen.

Tipp

Wähle eine Diktatform aus und übe damit in den Übungsphasen im Unterricht, in der Freiarbeit und auch zu Hause.

Übungstexte

Die eiserne Lady

Die Dame hat Fingernägel / so groß wie dein Kopf. / Ihre Füße sind so groß / wie ein Mann. / In ihre Krone, / die sie auf dem Kopf trägt, / passen leicht zwanzig Menschen. / Wer ist diese Riesin? / Richtig! / Die Freiheitsstatue in New York. / Die Figur ist 46 Meter hoch / und steht / auf einer kleinen Insel / in der Hafeneinfahrt der Stadt. / Sie begrüßt alle, / die hier / mit dem Schiff ankommen. / Die über hundert Jahre / alte Riesin / ist selbst / in Amerika eingewandert. / Sie ist in Frankreich entstanden. / Man hat sie aus Stahl gebaut / und außen eine Kupferhaut befestigt. / Als die eiserne Lady / fertig war, / hat man sie / in Einzelteile zerlegt / und in 214 Kisten verpackt. / Dann wurde sie / mit dem Schiff / nach Amerika gebracht.

Tipp
Entscheidet euch für eine oder mehrere Diktatformen von S. 150–153.

Die Erde ist rund

In ganz alter Zeit / dachten die Menschen, / die Erde sei eine Scheibe, / flach wie ein Teller. / Sie stellten sich vor, / dass die Erdteile und Inseln / wie Brotstücke / auf der Suppe schwimmen. / Und die Seefahrer / hatten Angst, / bei ihren Fahrten / über den Tellerrand / der Erde / zu fallen. / Aber schon damals / gab es Menschen, / die der Meinung waren, / die Erde sei rund. / Einer davon war Kolumbus. / Als Kapitän seines Schiffes / schaute er oft / durch ein Fernrohr. / Wenn ein fremdes Schiff / seinen Weg kreuzte, / sah das merkwürdig aus. / Je nachdem, / aus welcher Richtung es kam, / tauchte es am Horizont entweder / aus den Fluten auf / oder es versank in den Wellen. / Dafür gab es nur eine Erklärung: / Die Erde musste / die Form einer Kugel haben.

Im Herbst

Im Herbst / werden die Blätter bunt. / Viele rote Äpfel / und reife Birnen / hängen an den Bäumen. Bald fallen die Früchte / von den Bäumen. / Es ist schön, / wenn man in dieser Jahreszeit / einen Spaziergang im Wald / machen kann. / Dort kann man / Kastanien und Eicheln sammeln. / Die Kastanien sind braun und glatt. / Sie sind sehr gut / zum Basteln geeignet. / Viele Kinder sammeln / auch die bunten Blätter. / Sie kleben sie auf Papier / und haben dann / schöne Herbstbilder gebastelt. / Besonders angenehm ist es, / wenn man an kühlen Tagen / nach Hause kommt, / einen warmen Tee trinken / und leckere Kekse essen kann.

Der „Affe“ unserer Wälder

Kein Mensch kann es / an Geschicklichkeit und Schnelligkeit im Klettern / mit dem Eichhörnchen aufnehmen. / Wie bei der menschlichen Hand / sind Finger und Zehen / frei beweglich. / Die scharfen Krallen / finden überall Halt. / Mit den kräftigen Hinterbeinen / kann es vier bis fünf Meter weite Sprünge / von Ast zu Ast ausführen. / Seinen Flug steuert das Eichhörnchen / mit dem Schwanz. / Bei Sprüngen aus großer Höhe / wirkt der Schwanz / zusammen mit den gespreizten Armen und Beinen / wie ein Fallschirm. / So wird der Aufprall gemildert.

Rechtschreiben an Stationen üben

Wie geht ihr beim Lernen an Stationen vor?
Erläutert euch gegenseitig den Laufzettel.

Laufzettel

Name:

- Du kannst die Reihenfolge der Aufgaben frei wählen.
- Mach in deinem Laufzettel ein Häkchen bei den Aufgaben, die du erledigt hast.
- Kontrolliere mit Hilfe der Lösungen, ob du die Aufgaben richtig gelöst hast.
- Trage bei jeder Station deine Problemwörter in die 4. Spalte ein.
- Bist du zufrieden mit deinem Ergebnis? Trage deine Meinung in der Form eines Smileys ein.

Stationen	erledigt ✓	kontrolliert	Problemwörter	Meinung ☺ ☺ ☹
1				
2				
3				
4				
5				
6				

Tipp
Die **Lösungen** der Stationsaufgaben findest du auf der Seite 213.

Tipp
Kopiert den Laufzettel, bevor ihr mit dem Stationentraining beginnt.

Station 1: Groß oder klein?

VOLL AUF DER ROLLE

INLINE-SKATER FINDET MAN AN ALLEN ECKEN UND ENDEN UND DER BOOM IST NICHT ZU STOPPEN. SPORTWISSENSCHAFTLER UNTERSTÜTZEN DIESEN NEUEN MASSENSPORT, WEIL ER DEN GANZEN KÖRPER BEANSPRUCHT, DABEI ABER DIE GELENKE SCHONT. VORAUSSETZUNG IST EINE RICHTIGE AUSRÜSTUNG. ZUNÄCHST BRAUCHT EIN SKATER/EINE SKATERIN SCHUTZPOLSTER, ALSO GUT ABFEDERNDE HANDGELENK-, ELLENBOGEN- UND KNIESCHONER, EBENSO EINEN HELM, DER NICHT VERRUTSCHT, UND SCHUHE MIT GUMMISTOPPERN. UM UNFÄLLE ZU VERMEIDEN, SOLLTEN ERWACHSENE WIE KINDER LERNEN, KURVEN ZU FAHREN, ZU BREMSEN UND DAS GLEICHGEWICHT ZU HALTEN.

a) Lies den Text aufmerksam, sprich leise mit.

b) Schreibe alle Nomen mit Artikel heraus.

c) Ergänze, wenn möglich, die jeweilige Singularform bzw. Pluralform.

Station 2: Kurz und doppelt!

gimröfnellor gnussapna hciltfahcsnessiw tfahnessam

gitraimmug ppots ierfllafnu solztuhcs gikce

gnalnelle rennök tiehniemeglla

a) Lies rückwärts. Schreibe die Wörter mit doppelten Konsonanten heraus. Achte auf die richtige Groß- und Kleinschreibung.

b) Bilde zu jedem Wort zwei Wortverwandte.

Station 3: Lang und mit Zeichen!

1 Verbindung zwischen Ober- und Unterschenkel
2 Gegenteil von „gerade“
3 einen Tipp geben
4 Pronomen
5 Fußbekleidung
6 Gegenteil von „tiefer“
7 sich nicht zu Fuß bewegen

a) Welche Wörter mit Dehnungszeichen sind umschrieben? Schreibe sie auf.

b) Schreibe kurze Sätze mit diesen Wörtern. Sie sollten etwas mit dem Inlineskaten zu tun haben.

Station 4: Verrückter Text!

Einhe lmbei mska tenmuss sein!
Neb ende nversch iedenenscho nerngeh örtau chderhe lmzu derri chtigenau srü stungb eimska tendazu. Ei negr oßeme hrh eitderska terverzi chtetau fde nschu tzei neshelms. Rundzehn proze ntde rverletz ungen mi tinline skatesbe tre ffenje dochde nkop fbereich. Alsschutz vor schw erenver letz ungenist derhe lmdes halbunverzicht bar.

a) Lies diesen Text halblaut.

b) Entdecke die richtigen Wortgrenzen und schreibe den Text ab. Achte auf die richtige Groß- und Kleinschreibung.

Station 5: Spurensuche!

Rund 50 000 Skater pro Jahr verletzen sich so schwer, dass sie medizinisch versorgt werden müssen. Besonderen Gefahren setzen sich Anfänger aus. Sie beherrschen in aller Regel noch nicht die Techniken des Ausweichens, Bremsens und Fallens. Weitere Gefahren sind: der Zustand der Oberfläche der Fahrbahn, das Streckenprofil und die Sichtverhältnisse.

a) Zu welchen Wörtern aus dem Text gehören diese „Buchstabenspuren“?

b) Schreibe die gefundenen Wörter auf.

Station 6: Gemeinsam geht es besser!

a) Suche dir eine Partnerin/einen Partner und diktiert euch die Texte als Partnerdiktat.

b) Korrigiert eure Texte gegenseitig. Bearbeitet eure Fehlerwörter wie vereinbart.

Skater in Gefahr
Skater, die in der Innenstadt unterwegs sind, sollten sich folgende Gefahrensituation bewusst machen: An Kreuzungen und Einmündungen schätzen die Autofahrer häufig die Geschwindigkeit der Skater falsch ein. Sie werfen beim Abbiegen oft nur einen kurzen Blick auf den Gehweg und halten die Skater für langsamere Fußgänger.

Skater in der Stadt
Ein Skater saust lautlos durch die Fußgängerzone. Schon passiert es. Ein Fußänger tritt aus einem Geschäft, übersieht den Inlineskater und es kommt zum Zusammenstoß. Deshalb an Ein- und Ausfahrten und in Gegenden mit vielen Fußgängern nur so schnell fahren, dass man sofort anhalten kann.

Sprache untersuchen

Nomen untersuchen

1 a) Diese sechs Abbildungen eignen sich zum „Teekesselraten". Notiere die abgebildeten Nomen und setzte die richtigen Artikel dazu.

b) Auch diese Nomen haben zwei verschiedene Bedeutungen und zum Teil auch verschiedene Geschlechter. Bestimme das Geschlecht und bilde jeweils zwei sinnvolle Sätze.

Bank **Leiter** **Steuer** **Junge** **Tau** **Bund** **Ball**

2 a) Schreibe den nebenstehenden Text ab und setze passend den bestimmten oder unbestimmten Artikel ein.

b) Erklärt, warum ihr einmal den bestimmten Artikel, ein anderes Mal den unbestimmten Artikel verwendet habt.

Bauarbeiter von 30 Wespen zerstochen

Rund 30 Wespenstiche hat (der/ein) Bauarbeiter am Montag davontragen müssen. Er hatte bei Sanierungsarbeiten an (einem/dem) Rathaus in Traunstein in (das/ein) Wespennest gefasst. Das teilte (eine/die) Polizei mit. Er wurde mit (einem/ dem) Rettungshubschrauber in (ein/das) Krankenhaus von Traunstein gebracht.

Merke!

Nomen haben ein **grammatisches Geschlecht.** Sie sind männlich, weiblich oder sächlich. Danach richtet sich der **Artikel** (Begleiter): ***der*** *Ochse*, ***die*** *Kuh*, ***das*** *Kalb*

Merke!

Es gibt **bestimmte Artikel** (der, die, das) und **unbestimmte Artikel** (eine, ein).

3 a) Hier sind drei Pluralformen falsch. Welche?

SINGULAR	PLURAL
die Krähe	die Krähen
der Stock	die Stöcker
der Pantoffel	die Pantoffeln
das Mädchen	die Mädchens
der Sattel	die Sattel
das Sofa	die Sofas

b) Schlage die Wörter mit falschen Pluralformen im Wörterbuch nach. Schreibe sie anschließend mit der richtigen Singular- und Pluralform in dein Heft.

4 a) In folgenden Sätzen muss das Nomen „der Wal" jeweils in einem anderen Fall verwendet werden. Schreibe den Text ab und setze richtig ein.

b) Bestimme bei jedem eingesetzten Nomen den Fall. Nutze die Fragen im Merkkasten.

Der Wal

Die Menschen sind die größten Feinde ______. Seine Größe verleiht ______ ein plumpes Aussehen. ______ ist das größte Säugetier der Erde. Die Menschen haben ______ fast ausgerottet.

5 a) Schreibe den folgenden Text ab und setze die Nomen und ihre Artikel in der richtigen Form ein.

b) Bestimme den Fall der eingesetzten Nomen und Artikel.

Wie schwimmen Wale?

Wale schwimmen vor allem mit (knochenlose Schwanzflosse). Sie steht nicht senkrecht wie (Schwanzflosse der Fische), sondern waagerecht. Dadurch treibt (Tier) durch (kräftige Auf- und Abbewegungen) durch (Wasser). Die Kraft liefert (Paket) von Muskeln in (Schwanzteil) des Wals. Zum Steuern dienen vor allem (Brustflossen) des (Wal). Er kontrolliert damit seine (Lage im Wasser).

Merke!

Nomen treten in Sätzen in vier Fällen auf:
1. Fall: **Nominativ**
Frage: „Wer ..." oder „Was ...?"
2. Fall: **Genitiv**
Frage: „Wessen ...?"
3. Fall: **Dativ**
Frage: „Wem ...?"
4. Fall: **Akkusativ**
Frage: „Wen ...?" oder „Was ...?"

Zeitformen des Verbs

Präsens

Jürgen Spohn
Manchmal

An manchen Tagen
Geht nichts zusammen:
Da bellt die Maus.
Da kräht der Frosch.
Da muht das Schwein.
Da fiept der Hund.
Da quakt der Hahn.
Da quiekt das Huhn.
Da zirpt die Ziege.
Da meckert die Meise.
Da gackert die Katze.
Da zwitschert die Kuh.

1 a) Hier passt einiges nicht zusammen. Warum hat der Autor es dennoch so geschrieben?

b) Schreibe alle Verben im Präsens mit ihrem Infinitiv heraus.

START **bellt ⟶ bellen**

c) Setze das Gedicht fort.

2 a) Schreibe die folgenden Sätze ab und ersetze die Bilder durch Verben im Präsens.

b) Sucht weitere Verben. Zeichnet sie und verfasst einen Rätseltext.

- Vom Ulmer Münster aus  wir weit über die Stadt hinaus.
- Vor lauter Müdigkeit  ich fast im Stehen ein.
- Hannes  vorsichtig über den zugefrorenen See.
- Im Mai  schon häufig die Sonne.
- Meine kleine Schwester  mit ihren Legosteinen einen Turm.

Merke!

Verben in der Zeitform **Präsens** (Gegenwart) sagen,
- was sich **gerade jetzt** ereignet: *Tina liest ein Buch.*
- was **immer wieder** geschieht: *Mama liest jeden Morgen die Zeitung.*
- was **immer gültig** ist: *Babys lesen keine Bücher.*

Präteritum

Bruno Horst Bull
Ein schlechter Schüler

Als ich noch zur Schule gehte,
zählte ich bald zu den Schlauen,
doch ein Zeitwort recht zu biegen,
bringte immer Furcht und Grauen.

Wenn der Lehrer mich ansehte,
sprechte ich gleich falsche Sachen,
für die anderen Kinder alle
gebte das meist was zum Lachen. (...)

Ob ich schreibte oder leste,
Unsinn machtete ich immer
und statt eifrig mich zu bessern,
werdete es nur noch schlimmer.

Als nun ganz und gar nichts helfte,
prophezieh mir unser Lehrer:
wenn die Schule ich verlasste,
wörde ich ein Straßenkehrer.

Da ich das nicht werden willte,
kommte ich bald auf den Trichter,
stak die Nase in die Bücher,
und so werdete ich Dichter.

Merke!
Wenn etwas **Vergangenes schriftlich** erzählt wird, verwendet man die Zeitform **Präteritum** (Vergangenheit).

Tipp
prophezeien: etwas voraussagen

1 a) Hier stimmt einiges nicht. Finde heraus, was an diesem Gedicht ungewöhnlich ist.

b) Begründe, warum der Dichter diese Form gewählt hat.

2 Schreibe die Verben in der richtigen Form heraus. Bilde zunächst den Infinitiv und danach die erste Person Singular und den Plural des Präteritums.

START **gehen → ich ging, wir gingen**

Futur

1 a) Welche Sätze stehen im Futur? Schreibe sie ab und unterstreiche die Verbformen im Futur.

Mit 18 werde ich als Erstes meinen Führerschein machen.
Ich mache eine riesengroße Party.
Ich kaufe mir einen eigenen Fernseher.
Ich werde endlich nach Australien reisen.
Ich komme auch mal sehr spät nach Hause.
Ich werde bestimmt eine Menge Spaß haben.

START Mit 18 werde ich als Erstes meinen Führerschein machen.

b) Formuliere auch die anderen Sätze im Futur.

Merke!

Das **Futur** wird mit einer Personalform von *werden* im Präsens und dem Infinitiv gebildet:
Ich ***werde*** *meine Oma* ***anrufen.***

2 a) Bilde mit folgenden Stichworten Sätze im Futur.

ein Geschenk aussuchen
am Schwimmbad treffen
meinen kranken Freund besuchen
ins Kino gehen
zum Fußballturnier gehen
im Zelt übernachten

b) Markiere in deinen Sätzen die Verbformen.

START Ich werde für meine Mutter ein Geschenk aussuchen.

c) Im täglichen Gebrauch benutzen wir bei Zeitangaben, die Zukünftiges ausdrücken, häufig das Präsens und sagen:

START Morgen suche ich für meine Mutter ein Geschenk aus.

Bilde mit den Wörtern aus der Wortliste weitere Sätze im Präsens, die Zukünftiges ausdrücken.

morgen
später
danach
bald
nächste Woche

3 **Wie wird die Schule in 100 Jahren sein?**

a) Formuliere die folgenden Sätze im Futur.

Lehrer gibt es nicht mehr.
Der Unterricht erfolgt nur noch am Computer.
Die Schüler bekommen keine Noten mehr.

b) Schreibe in der Zeitform Futur auf, was sich noch in der Schule in 100 Jahren verändert haben wird.

Perfekt

Wolfdietrich Schnurre
Schuld

Als die Zeit des Menschen vorbei war, wurden alle Tiere, die ihm gedient hatten, vor ein Gericht zitiert.
„Ich habe ihn mit Hufen geschlagen, sooft ich nur konnte", sagte das Pferd.
„Ich habe ihn immer gebissen", sagte der Hund.
„Ich habe ihm lediglich den Stall schmutzig gemacht", sagte die Kuh.
Schließlich blieb nur noch das Heimchen übrig.
„Und du?", fragte der Löwe, der den Vorsitz führte.
„Ich habe an seinem Herde gesungen."
„Schuldig!", schrien die Tiere.

Merke!
Wenn man etwas **Vergangenes mündlich erzählt,** verwendet man meist die Zeitform **Perfekt.**
Das Perfekt wird aus zwei Teilen gebildet:
1. Teil: Personalform von *haben* oder *sein* im Präsens:
*Ich **habe** gelacht.*
*Ich **bin** gegangen.*
2. Teil: Veränderte Verbform:
*Ihr habt **gelacht.***
*Ihr seid **gegangen.***

1 a) Lest die Fabel mit verteilten Rollen.

b) Schreibe die Sätze, die im Perfekt stehen, auf und unterstreiche die Verbform im Perfekt.

c) Notiere auch, was folgende Tiere vor Gericht aussagen könnten. Verwende das Perfekt.
Katze – Biene – Hahn – Goldfisch – Kaninchen

2 Schreibe mit den Verben aus dem Tippzettel Beispielsätze im Perfekt.

START Anne ist nach der Schule sofort nach Hause gegangen.

Tipp
Verben der Fortbewegung bilden das Perfekt mit „sein":
gehen
laufen
rennen
wandern
fahren
reisen

3 Setze die eingeklammerten Verben ins Perfekt und schreibe die Sätze in dein Heft.

Wenn ich ___ (ankommen), sage ich dir Bescheid.
Er erzählt mir, dass er gestern noch bis sechs Uhr Fußball ___ (spielen).
Falls er bis zwölf Uhr nicht ___ (anrufen), warte ich nicht mehr länger.
Entschuldige bitte, falls ich dir weh ___ (tun).
Sie freut sich, weil sie im Preisausschreiben ___ (gewinnen).

START Wenn ich angekommen bin, sage ich dir Bescheid.

Plusquamperfekt

1 Schreibe den Text ab und ergänze an den fehlenden Stellen die passende Zeitform zum Verb „stehen“.

Gerade im Moment ___ ich an der Bushaltestelle. Hier ___ ich auch schon gestern um die gleiche Zeit. Meine Mutter sagt immer zu mir: „Auch ich ___ schon als Schülerin an der gleichen Bushaltestelle ___.“ Sogar meine Großmutter ___ schon als Kind dort ___.

2 Übertrage die folgende Tabelle in dein Heft und ergänze die fehlenden Verbformen.

Infinitiv	Präteritum	Perfekt	Plusquamperfekt
rennen	sie rannte	...	...
...	...	ich bin geflogen	...
...	...	...	du hattest genommen
vergessen	...	...	...
...	...	ich bin geschwommen	...

3 Hier stimmt etwas nicht.

Als Julia badete, zog sie sich an.
Als sie sich anzog, schminkte sie sich.
Als sie sich schminkte, frühstückte sie.
Als sie frühstückte, ging sie zur Schule.

a) Erkläre, warum diese so Sätze falsch sind.

b) Formuliere die Sätze richtig um. Wenn du sie mit „nachdem“ beginnst, wird es noch deutlicher.

Merke!

Wenn etwas schon **vor dem geschehen** ist, **was im Präteritum erzählt** wird, verwendet man die Zeitform **Plusquamperfekt** (vollendete Vergangenheit): Häufig beginnen solche Sätze mit nachdem/als:
Als Till in der Schule ***angekommen war,*** *hängte er seine Jacke auf.*
Nachdem er seine Jacke ***aufgehängt hatte,*** *ging der Unterricht los.*

4 Im folgenden Text steht an den markierten Stellen eine falsche Zeitform des Verbs.

Das Sportfest

Die Klasse 6 a stand aufgeregt auf dem Sportplatz. Bereits letzte Woche kündigte der Rektor das Sportfest an, sodass der Unterricht heute ausfiel. In der letzten Nacht regnete es in Strömen und auch heute Morgen wurde der Himmel schon wieder grau. Weil der Wetterbericht gestern trockenes Wetter gemeldet hat, trugen heute alle Schüler kurze Hosen und T-Shirts.

a) Welche Zeitform muss verwendet werden, um auszudrücken, was bereits vor dem Tag des Sportfestes geschehen ist?

b) Schreibe den Text ab. Verbessere die falschen Zeitformen.

5 a) Schreibe den folgenden Text ab und setze die eingeklammerten Verben ins Plusquamperfekt bzw. ins Präteritum.

Tag der offenen Tür

Letzte Woche fand an unserer Schule ein Tag der offenen Tür statt. Nachdem wir alle pünktlich (ankommen), (gehen) es los. Bevor unsere Eltern an einer Deutschstunde (teilnehmen), (zeigen) wir ihnen erst einmal unser neues Schülercafé. Anschließend (bauen) wir unsere Ausstellung zum Thema „Unsere Lieblingsbücher" auf, die wir zuvor im Unterricht (vorbereiten). Während unsere Eltern die Ausstellung besichtigten, versuchten wir das Buchrätsel zu lösen, das sich unsere Lehrerin für uns (überlegen). Nachdem wir uns dann alle im Schülercafé (stärken), (sehen) wir uns die Ideen der anderen Klassen an.

b) Unterstreiche den Teil, der die vorausgegangene Handlung erzählt, rot, den anderen grün.

START Nachdem wir alle pünktlich angekommen waren, ging es los.

Zeitformen-Mix

1 Schreibe die Sätze in dein Heft.
Unterstreiche und bestimme die Zeitformen.

Du bist zu langsam gewesen.
Sie werden an die Ostsee fahren.
Ich hatte den Termin vergessen.
Ihr seid nach Stuttgart gezogen.
Der Bus kam pünktlich an.
Er packt seinen Koffer.
Sie liest es laut vor.
Wir haben es ihr empfohlen.

START Wir haben es ihr empfohlen. (Perfekt)

Merke!

Personalpronomen
Singular
ich
du
er, sie, es
Plural
wir
ihr
sie

2 Notiere die Verben in der angegebenen Zeit- und Personalform.

schreiben (1. Pers. Pl./Präteritum)
gehen (3. Pers. Sg./Präsens)
lachen (1. Pers. Sg./Futur)
fallen (2. Pers. Sg./Perfekt)
anziehen (3. Pers. Pl./Futur)
lesen (2. Pers. Pl./Perfekt)

START Wir schrieben.

Tipp
1. Pers. Pl. = 1. Person Plural
3. Pers. Sg. = 3. Person Singular

Robert Louis Stevenson
Die Schatzinsel (Ausschnitt)

… Als Erster sprach der Richter: „Ich bin ein Esel gewesen, Käptn. Ich hoffe, Sie verzeihen mir. Sie hatten von Anfang an gezweifelt und Sie hatten Recht damit.“ Der Kapitän nickte abwesend. Er strich sich über seinen Schnurrbart und blickte vor sich hin. Auch der Doktor schwieg.
„Wir werden einfach so weitermachen wie bisher“, sagte Schmoll dann. „Wir haben höchstens noch drei oder vier treue Matrosen an Bord.“ …

3 Übertrage die Tabelle in dein Heft und ordne alle Verben aus dem Text ein.

Plusquamperfekt	Perfekt	Präteritum	Präsens	Futur
…	bin gewesen	sprach	…	…
…	…	…	…	…

Zeitformen zum Würfeln

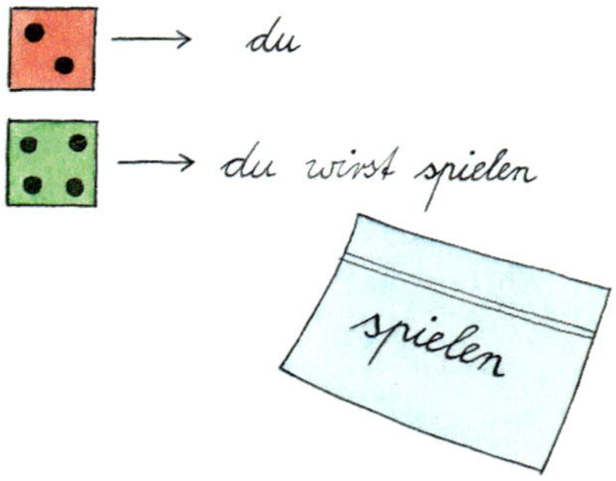

Ihr benötigt
- zwei verschiedenfarbige Würfel,
- kleine Karteikarten,
- Lösungslisten.

Der erste Würfel bedeutet: **Personalform**

 = 1. Person Singular: ich
 = 1. Person Plural: wir
 = 2. Person Singular: du
 = 2. Person Plural: ihr
 = 3. Person Singular: er, sie, es
 = 3. Person Plural: sie

Der zweite Würfel bedeutet: **Zeitform**

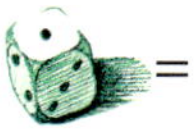 = Präsens
 = Futur
 = Perfekt
 = Plusquamperfekt
 = Präteritum
 = Joker: Zeitform kann gewählt werden

1 Auf die Karteikärtchen schreibt ihr Verben im Infinitiv (pro Mitspieler etwa zwei verschiedene Verben).

essen **einkaufen** **schreiben** **schwimmen**

2 Auf die Lösungslisten schreibt ihr zu jeder Personalform die fünf möglichen Zeitformen.
Verteilt diese Arbeit auf die Gruppenmitglieder.
Verabredet für jede Zeitform eine Farbe, damit ihr schnell nachschauen könnt.

3 Spielt nach folgenden Spielregeln:

3–4 Mitspieler; Spielleiter/-in
Zuerst ziehst du eine Verbkarte und legst sie offen hin.
Anschließend würfelst du die Personalform und die Zeitform.
Du nennst die richtige Verbform, während der Spielleiter langsam bis „zehn" zählt.
Der Spielleiter kontrolliert deine Antwort und schreibt, wenn sie richtig ist, deine Punkte (= Summe der Würfelaugen) auf.

Adjektive und ihre Wirkung

Liebe Friederike,
ich liege gerade mit einem Buch an einem Strand am Mittelmeer. Meine Füße liegen im Wasser und über mir ziehen Wolken.
Jeden Tag genieße ich die Natur und das Essen.
Das ist ein Urlaub!
Viele Grüße aus Italien
Deine Lea

Liebe Friederike,
ich liege gerade mit einem spannenden Buch an einem traumhaften Strand am Mittelmeer. Meine Füße liegen im kristallklaren Wasser und über mir ziehen kleine Wolken.
Jeden Tag genieße ich die unberührte Natur und das leckere Essen. Das ist ein toller Urlaub!
Viele Grüße aus dem sonnigen Italien
Deine Lea

Merke!

Adjektive beschreiben, **wie** Lebewesen, Gegenstände oder Vorgänge sind oder wie wir sie sehen bzw. empfinden.

1 a) Lest die beiden Briefe. Erklärt die Unterschiede.

b) Welche Wortart hat Lea im ersten Brief überhaupt nicht verwendet? Wie wirkt der Text dadurch?

c) Formuliere alle Adjektive im rechten Brief in ihr Gegenteil um. Die Wortliste kann dir helfen.

d) Wie verändert sich die Aussage des Briefes?

langweilig	schmutzig	grau
doof	dreckig	zerstört
hässlich	riesig	kaputt
regnerisch	schrecklich	furchtbar

Sören Olsson / Anders Jacobsen

Berts Megakatastrophen

Heute Mittag hat meine Mutter mich mit Gewalt zum Friseur geschickt. Sie behauptet, meine ___ Haare erinnerten sie an ein Mädchen und wenn ich nicht endlich zum Friseur ginge, werde sie mich zwingen, mit einer ___ Schleife und Zöpfen herumzulaufen. Also machte ich mich auf die Socken und zockelte eine Weile vor diesem ___ Friseursalon herum. Dann guckte ich ___ zum Schaufenster hinein, weil ich checken wollte, ob einer der Kunden eine ___ Frisur hatte. Ein Typ war ___ geschoren. Er sah ziemlich ___ aus. Aha, dieser Friseur taugt nichts! Ich atmete auf. Dann brauchte ich mir nicht meine ___ Haare schneiden zu lassen. Im selben Augenblick kam eine ___ Tussi aus dem Nebenzimmer, so ___ wie ein Fotomodell. Von so einer ___ Puppe wollte ich mir natürlich gerne die Haare schneiden lassen. ___ betrat ich den Laden. ...

lang
kahl
schön
neugierig
rosa
aufgeregt
hübsch
albern
blond
vornehm
schrecklich

2 a) Welche Adjektive aus der Wortliste passen in die Textlücken? Probiere es aus.

b) Schreibe den Text in dein Heft und ergänze die fehlenden Adjektive.

c) Vergleicht eure Ergebnisse.

d) Wie hat sich der Text durch eure Adjektive verändert? Sprecht über die Wirkung.

3 Adjektive kann man steigern

Grundstufe	1. Vergleichsstufe (Komparativ)	2. Vergleichsstufe (Superlativ)
lang	länger	am längsten
...	...	...

a) Übertrage die Tabelle in dein Heft und setze die Adjektive aus dem Text von Aufgabe 2 entsprechend ein.

b) Welche Adjektive lassen sich so nicht steigern? Begründe.

Merke!

Es gibt **Adjektive,** bei denen die **erste** und die **zweite Vergleichsstufe anders als üblich** gebildet werden: *viel – mehr – am meisten, gut – besser – am besten*

Präpositionen

Harry Potter trainiert für seinen nächsten Wettkampf.

Merke!

Präpositionen (Verhältniswörter) sagen, wie Menschen oder Dinge zueinander im Verhältnis stehen.
*Der Fahrplan liegt **unter** dem Schrank.*

1 Beschreibe, wo sich Harry befindet.
Unterstreiche die Präpositionen.

START Harry steht auf der Truhe.

Erdboden verschluckt Schülerin

Eine 12-jährige Schülerin ist ___ Donnerstag ___ wahrsten Sinne des Wortes ___ Erdboden verschluckt worden. Das Mädchen hatte ___ Freunden ___ Garten Gummitwist gespielt, als ___ einem Sprung plötzlich der Boden nachgab und das Mädchen ___ ein vier Meter tiefes Erdloch fiel. Es hatte jedoch großes Glück: Nachdem die alarmierte Feuerwehr eine Leiter ___ das Erdloch hinabgelassen hatte, konnte die Schülerin unverletzt ___ dem Loch klettern. ___ Aufstieg entdeckte sie noch einen Werkzeugkasten, der ___ Bauarbeiten verschwunden war.

- an
- auf
- aus
- bis
- bei
- durch
- für
- hinter
- in
- mit
- nach
- neben
- über
- unter
- vor
- zu
- zwischen

2 Schreibe die Zeitungsmeldung in dein Heft und ergänze die fehlenden Präpositionen.

3 Vervollständige die Sätze mit einer passenden Präposition und dem richtigen Artikel.

Peter setzt sich ___ Felsen.
Peter sitzt ___ Felsen.
Leonie legt sich ___ Wiese.
Leonie liegt ___ Wiese.
Janis hängt den Mantel ___ Haken.
Der Mantel hängt ___ Haken.
Das Kind freute sich sehr ___ Geschenk.
Ich freue mich ___ Zukunft.

4 Schreibe den folgenden Text ab und ergänze die fehlenden Wortgruppen aus der Wortliste in der Randspalte. Denke daran, die Wortgruppen in der richtigen Form einzusetzen.

Kolumbus entdeckt Amerika

Christoph Kolumbus wollte den Seeweg von ___ nach ___ finden und dabei in westlicher Richtung segeln. Mit ___ unter ___ stach er am ___ in See. Die Reise über ___ war ohne ___ ein Risiko. Außerdem kam es zwischen Kolumbus und seiner ___ zu ___. Erst nach ___ rief endlich im Morgengrauen der Mann am ___: „Land in Sicht!“ Als Kolumbus an Land ging, betrat er nicht Indien, sondern eine kleine Insel vor der ___.

- Küste Amerikas
- der Atlantik
- Europa
- Ausguck
- drei Schiffe
- Auseinandersetzungen
- Indien
- spanische Flagge
- Zweifel
- Mannschaft
- mehr als zwei Monate
- 3. August 1492

5 Mit einer Partnerin/einem Partner kannst du ein Bilddiktat erstellen. Zeichne verschiedene geometrische Figuren und diktiere **gleichzeitig** deiner Partnerin/deinem Partner die genaue Lage der Figuren. Diese/dieser darf nicht sehen, was du gerade zeichnest. Gib die Position genau an, sodass ein möglichst gleiches Bild entsteht.

- auf
- außerhalb
- darüber
- gegenüber
- hinter
- innerhalb
- neben
- oberhalb
- seitlich
- über
- zwischen

START

Ich zeichne auf ein Blatt Papier zuerst einen Kreis von ca. 4 cm Durchmesser in die linke untere Ecke. Innerhalb des Kreises befinden sich drei Dreiecke der gleichen Größe. Darüber zeichne ich ein Rechteck, das ...

Sätze verbinden

Merke!
Eine **Satzreihe** ist ein zusammengesetzter Satz, der aus **mehreren Hauptsätzen** besteht.

Merke!
Ein **Hauptsatz** enthält in der Regel **Subjekt** und **Prädikat.**

Satzreihen

1 Mehrere Hauptsätze, die inhaltlich zusammengehören, können zu einem Satz verbunden werden. Einen solchen Satz nennt man Satzreihe.

Ich werde mir einen DVD-Player anschaffen,
denn viele gute Filme laufen im Nachtprogramm.

Ich werde mir einen DVD-Player kaufen,
denn Florian hat sich schon letztes Jahr einen gekauft.

Das Geschäft bietet sehr viele verschiedene DVD-Player an,
aber die Auswahl fällt mir schwer.

DVDs sind leider noch recht teuer,
aber die Qualität ist sehr gut.

Schreibe die Sätze ab und unterstreiche in den Satzreihen die Subjekte blau und die Prädikate rot.

Ich werde mir einen DVD-Player anschaffen, …

2 Vergleiche die beiden folgenden Sätze.
Worin unterscheiden sie sich?
Welcher klingt besser?
Begründe.

Das Telefonieren mit dem Handy während der Schulstunde ist verboten,
denn das Telefonieren mit dem Handy stört den Unterricht.

Das Telefonieren mit dem Handy während der Schulstunde ist verboten,
denn es stört den Unterricht.

3 Schreibe die folgenden Sätze ab und vermeide Wiederholungen, indem du die passenden Personalpronomen verwendest.

Paul hört oft Musik mit dem Walkman,
Paul singt dabei gerne laut mit.

Die Computer werden ständig schneller
und die Computer bieten immer mehr Möglichkeiten.

4 a) Suche die zusammengehörenden Hauptsätze und wähle eine passende Konjunktion.

b) Schreibe die Satzreihen mit einer passenden Konjunktion in dein Heft. Achte auf die Kommasetzung.

Er passt in jede Tasche.

Ein MP3-Player ist klein.

Ein Laptop ist ein wichtiges Arbeitsmittel für die Schule.

Handys werden zum persönlichen Gebrauch gekauft.

Seine Anschaffung ist noch immer kostspielig.

Man kann sie auch kaufen.

Sie bieten viele Möglichkeiten.

DVD-Player werden immer öfter gekauft.

Sie werden oft auch für den Beruf benutzt.

Videos leiht man sich in der Videothek.

Merke!

Die **Hauptsätze** in der Satzreihe werden in der Regel **durch Komma abgetrennt.** Ausnahme: Sind die Sätze durch **und** oder **oder** verbunden, steht **kein Komma.**

Merke!

Häufig sind die **Hauptsätze in der Satzreihe** durch eine **Konjunktion** (ein Bindewort) verbunden. Meist steht vor der Konjunktion ein Komma:

…, denn …
…, aber …
…, doch …
…, sondern …

Satzgefüge

1 Satzverbindungen aus Hauptsatz und einem oder mehreren Nebensätzen nennt man Satzgefüge.

Wissenschaftler warnen vor den Gefahren des Lärms,
weil Jugendliche oft zu laut Musik hören.

Sie stellen ihren Walkman auf eine Lautstärke von 90 Dezibel,
obwohl das so laut wie der Lärm eines vorbeifahrenden Güterzugs ist.

a) Schreibe die Sätze in dein Heft. Kreise die Konjunktionen ein und unterstreiche die Prädikate.

b) Wo steht das Prädikat in den Sätzen mit der Konjunktion?

2 Verbinde die folgenden Sätze zu Satzgefügen, indem du Konjunktionen aus der Wortliste benutzt.
Denke an die Umstellungen im Nebensatz und achte auf die Kommasetzung.

Mit lauter Musik ist nicht zu spaßen.
Der Lärm kann empfindliche Gefäße im Ohr zerstören.

Fachleute mahnen.
Jugendliche sollten sich nur kurz einer solchen Lautstärke aussetzen.

Auf einer Party sprechen alle gleichzeitig.
Man kann den Einzelnen nicht mehr verstehen.

Es führt zu einem deutlichen Hörverlust.
Man hört laute Musik über längere Zeit.

Merke!
Satzverbindungen aus **Hauptsatz** und **einem oder mehreren Nebensätzen** nennt man **Satzgefüge**.

Merke!
In einem **Nebensatz** steht das **Prädikat am Ende.**
Nebensätze können nicht alleine stehen und werden meistens von einer **Konjunktion** eingeleitet.
Nebensätze werden durch **Komma** vom Hauptsatz getrennt.

weil
obwohl
wenn
damit
nachdem
dass
sodass
als

Satzgefüge mit „das“ oder „dass“

1 a) Lies den folgenden Text.
Erkläre, warum *das* bzw. *dass* geschrieben wurde.

Das Computerspiel, **das** du mir geliehen hast, gefällt mir total gut. Mein Vater aber meint, **dass das** Spiel für mich nicht geeignet sei. Er will, **dass** ich dir **das** Spiel jetzt zurückgebe. Danke, **dass** ich es spielen durfte.

b) Schreibe den Text ab und setze in Klammern dahinter die Ersatzwörter für *das*.

START Das (dieses) Computerspiel, das (welches) du ...

2 a) Setze *dass* ein und schreibe die Sätze in dein Heft.
Unterstreiche das Verb im Hauptsatz und kreise die Konjunktion *dass* ein.

Ich weiß, ___ ich eigentlich meine Hausaufgaben erledigen sollte. Aber ich denke, ___ ich sie auch später machen kann. Meiner Mutter gefällt nicht, ___ ich lieber Computerspiele mache. Ich muss ihr versprechen, ___ ich nach diesem Spiel aufhören werde.

START Ich weiß, dass ich ...

b) Forme folgende Sätze in *dass*-Sätze um.
Schreibe sie in dein Heft.

Ich finde Computerspiele klasse.
Meine Eltern sagen, ich soll mal wieder ein Buch lesen.
Die meisten Menschen glauben, ein PC sei unentbehrlich.
Man nimmt an, die Kinder bewegen sich durch das Spielen am Computer noch weniger.

START Ich finde, dass Computerspiele klasse sind.

Merke!

Kannst du ***dies, dieses*** oder ***welches*** einsetzen, **musst** du ***das*** schreiben:
*Das Fahrrad, **das (welches)** du mir geschenkt hast, gefällt mir sehr.*

Ergibt der Ersatz keinen Sinn, musst du ***dass*** schreiben:
*Ich hoffe, **dass** du kommst.*

Merke!

Dass ist eine **Konjunktion. *Dass*** steht häufig **nach Verben des Meinens, Glaubens, Fühlens, Denkens.**

3 a) Bilde Satzgefüge wie im Beispiel gezeigt.

b) Umkreise die Konjunktion *dass* und das Komma und unterstreiche den Nebensatz.

c) Schreibe weitere Sätze zum Thema „Internet“ und verwende die Satzanfänge aus dem Tippzettel.

Tipp
- Es ist schon vorgekommen, dass ...
- Es ist sicher, dass ...
- Es ist wichtig, dass ...
- Es ist richtig, dass ...
- Es kann sein, dass ...

Ein Internetanschluss bietet viele Vorteile.

Man kann sich Informationen beschaffen.

Ganz verschiedene Artikel können über das Internet bestellt werden.

Wer will, kann in Chatrooms Bekanntschaften schließen.

Man kann auch E-Mails verschicken.

START Es ist klar, dass ein Internetanschluss viele Vorteile bietet.

Es ist hilfreich, dass man sich viele Informationen ...

Es ist bequem, dass ...

Es ist möglich, dass ...

Es ist selbstverständlich, ...

4 Verbinde die Sätze und schreibe sie in dein Heft.

START In einer Fernsehsendung wurde berichtet, dass sehr viele ...

In einer Fernsehsendung wurde berichtet:
Sehr viele Jugendliche besitzen einen eigenen Computer.

Es ist sinnvoll:
In vielen Klassenzimmern gibt es Computerarbeitsplätze.

Es steht fest:
Die Nutzung des Computers ist alltäglich geworden.

Übungstexte zur Kommasetzung

1 Mit den folgenden Texten kannst du die Kommasetzung bei Satzgefügen und Satzreihen trainieren. Gehe dabei so vor:

- Schreibe den Text ab.
- Umkreise im abgeschriebenen Text die Konjunktionen.
- Unterstreiche die Hauptsätze.
- Markiere die Nebensätze mit einer Wellenlinie.
- Trage die fehlenden Kommas mit einem Farbstift ein.

Das Klassenfest

Obwohl das Klassenfest schon fast zu Ende war hatte Manuel die Hoffnung nicht aufgegeben. Endlich tanzte Paula alleine sodass er ihr ein Lächeln zuschicken konnte. Jetzt musste er die Chance nutzen weil es wahrscheinlich heute seine letzte war. Jeden Augenblick musste der Hausmeister das Licht anmachen denn die reguläre Zeit war um. Plötzlich winkte Paula sie tanzte auf ihn zu und legte ihre Arme um ihn! Wer hätte das gedacht dass die zwei das Fest als Paar verlassen würden?

Handy als Lebensretter

Ein Handy erwies sich für einen jungen Mann aus Bayern als rettender Strohhalm. Der 25-Jährige konnte mit seinem Funktelefon Hilfe herbeirufen als er nachts in einem Sumpfgebiet einsackte. Nachdem die Polizei über Notruf alarmiert war suchte sie das Gelände mit zwölf Beamten ab. Der Verunglückte konnte sich mit Rufen bemerkbar machen sodass er schließlich gefunden wurde. Die Polizisten zogen ihn mit einem Seil aus dem Moor. Ein Polizist berichtete dass der junge Mann zu diesem Zeitpunkt bereits bis zum Bauch versunken war und sich nicht mehr allein hätte befreien können. Der Gerettete berichtete später dass er den Heimweg abkürzen wollte.

Sätze und Satzglieder

Merke!

In einem **Aussagesatz** wird etwas mitgeteilt, erzählt, berichtet …
Satzschlusszeichen:
… .

In einem **Fragesatz** wird nach etwas gefragt.
Satzschlusszeichen:
… ?

In einem **Aufforderungssatz** wird eine nachdrückliche Bitte, ein Befehl oder eine Forderung ausgedrückt.
Satzschlusszeichen:
… !

Verschiedene Satzarten verwenden

1 Erwartungen, Bitten oder Forderungen kann man unterschiedlich ausdrücken.

Sieh dich bitte das nächste Mal mehr vor!

Passt du das nächste Mal bitte besser auf?

Ich möchte, dass du das nächste Mal besser aufpasst.

Ich wollte dich bitten, das nächste Mal besser aufzupassen.

Hast du denn keine Augen im Kopf?

Pass doch mal auf!

a) Welche der Sätze sind Aussagesätze, welche Frage-, welche Aufforderungssätze?

b) Welche Sätze findest du höflich, welche unhöflich? Schreibe die Sätze ab und ordne sie ein:

START **höflich: …**
unhöflich: …

2 Schreibe jeweils noch drei andere Möglichkeiten auf, den Wunsch höflich auszudrücken.
Verwende jeweils einen Aussage-, einen Frage- und einen Aufforderungssatz.

- Es wäre gut, wenn du mir die CD morgen zurückgeben könntest.
- Stellt ihr mal bitte die Musik lauter?
- Entschuldige dich bitte bei ihr!
- Kannst du mir eine Cola mitbringen?

START **Ich wollte dich fragen, ob du mir morgen die CD zurückgeben kannst.**
Könntest du mir …

Subjekt und Prädikat

1 a) Bilde mit den folgenden Satzgliedern sieben Sätze. Verwende jedes Satzglied nur einmal.

die Leute | die Sirene | rennen | werden festgenommen

heult | die Täter | bremst | ein Auto | die Scheibe

gaffen | die Diebe | klirrt | kommt | die Polizei

b) Frage in jedem Satz nach dem Subjekt. Unterstreiche die Subjekte blau.

START *Wer oder was heult? Die Sirene heult.*

c) Frage in jedem Satz nach dem Prädikat. Unterstreiche die Prädikate rot.

START *Was tut die Sirene? Die Sirene heult.*

2 Bilde mit den folgenden Verben und den Wörtern aus der Wortliste Sätze mit Verbklammern. Markiere die Verbklammern.

weglaufen | ankommen

auftauchen | entgegenkommen

herauskommen | festhalten

die Polizei
die Täter
die Polizisten
ein Beamter
der Einsatzleiter
ein Dieb

START *Minuten später kam die Polizei am Tatort an.*

Prädikat (Verbklammer)

Merke!

Das Satzglied, das angibt, **wer** oder **was** etwas tut, heißt **Subjekt**.

***Der Dieb** flüchtet.*

Merke!

Das Satzglied, das aussagt, was das Subjekt **tut** oder was **geschieht**, heißt **Prädikat**. Das Prädikat ist meistens ein Verb.

*Die Polizisten **rennen.***

Oft sind Prädikate zweigeteilt und „umklammern" ein Satzglied oder mehrere Satzglieder. Das Prädikat bildet dann eine **Verbklammer**.

*Die Diebe **brachen** gegen Mitternacht **ein.***

Verbklammer

1

einbrechen
öffnen
herbeirufen
staunen
sich auskennen
liegen

Dreister Raub – keine Beute

In der Nacht von Sonntag auf Montag ___ Diebe in den Kassenraum des „Comet-Supermarktes“ in Altstadt ___. Die Gangster ___ sich offenbar gut ___. Sie ___ den Tresor des Geschäftsführers. Der Alarmmelder ___ auch die Polizei ___. Die Polizisten ___ jedoch nicht schlecht: Auf dem Fußboden des Kassenraumes ___ ein zertrampeltes Plakat mit dem Satz: „Denken Sie daran: Diebstahl lohnt sich nicht!“ Das hatten die Diebe als einzigen Gegenstand im Tresor gefunden.

Tipp

Eine Verbklammer kann auch von zwei Verben gebildet werden:

Prädikat (Verbklammer)

Die Täter
wollten
vor der Polizei
fliehen.

3 a) Schreibe den Zeitungstext in dein Heft. Ergänze die fehlenden Verben aus der Wortliste 1 in der richtigen Zeitform. Einige Verben musst du auseinander nehmen (z. B.: *… brachen Diebe … ein*).

b) Stelle für jeden Satz die Frage nach dem Subjekt (**„Wer?“** oder **„Was?“**) und unterstreiche die Subjekte blau.

c) Frage nach den Prädikaten (**„Was tut …?“/„Was tun …?“** oder **„Was tat …?/Was taten …?“**) und unterstreiche sie rot. Markiere die Verbklammern.

2

aufgeben
einschlagen
aufkreuzen
fallen lassen
losfahren
auslösen
aufnehmen
abschneiden
festnehmen
herausnehmen

Glücklose Einbrecher

Aber so schnell ___ die beiden Gangster nicht ___. Gleich in der Nacht von Montag auf Dienstag ___ sie beim Juwelier Goldschein das Schaufenster ___. Dabei ___ sie allerdings die Alarmanlage ___. Die Diebe ___ die besten Stücke aus dem Fenster ___ und trugen sie zum Auto. In diesem Moment ___ die Polizei ___. Die Ganoven ___ den Schmuck sofort ___, sie sprangen in den Wagen und ___ mit Vollgas ___. Die Polizei ___ die Verfolgung ___. Bald ___ ein zweiter Streifenwagen den Tätern den Weg ___. Die Polizisten ___ die beiden glücklosen Einbrecher ___.

4 Verfahre wie in Aufgabe 3.

Objekte

1 Lies die Aussagen der Zeugen.

Ich habe die Alarmanlage gehört.

Der Dunkelhaarige hat dem Blonden ein Zeichen gegeben.

Sie hatten einen Koffer.

Die Diebe haben die Fensterscheiben eingeschlagen.

Der Große hat dem Kleinen den Koffer gegeben.

Einer hat die Tür bewacht.

a) Frage nach den Subjekten und unterstreiche sie blau.

START *Wer oder was hat die Alarmanlage gehört?*
Ich habe die Alarmanlage gehört.

b) Erfrage die Prädikate und unterstreiche sie rot.

START *Was haben die Diebe gemacht?*
Die Diebe haben die Fensterscheiben eingeschlagen.

2 a) Welche Satzglieder bleiben übrig? Kreise sie ein.

b) Stelle mit der Frage **„Wen?“** oder **„Was?“** fest, welche der eingekreisten Satzglieder Akkusativobjekte sind. Unterstreiche sie gelb.

START *Wen oder was habe ich gehört?*
Ich habe die Alarmanlage gehört.

c) Frage mit **„Wem?“** nach den Dativobjekten. Unterstreiche sie grün.

START *Wem hat der Dunkelhaarige ein Zeichen gegeben?*
Der Dunkelhaarige hat dem Blonden ein Zeichen gegeben.

Merke!

Mit **„Wen?“** oder **„Was?“** erfragt man das **Akkusativobjekt.**

Mit **„Wem?“** erfragt man das **Dativobjekt.**

viele Schulaufgaben
sein Fahrrad
ein Bild
Volleyball
seinen Trainer
ein Eis
die neue CD
ein Diktat
Sportwettkämpfe

3 Bei folgenden Sätzen fehlt das Akkusativobjekt.

Mirko repariert …
Lena hört …
Vera kauft sich …
Ben traf …
Die Schüler schreiben …
Sie spielten …
Die Kinder malen …
… finde ich gut.

a) Frage jeweils nach einem Akkusativobjekt. Die Wortliste kann dir helfen.

b) Schreibe die vollständigen Sätze in dein Heft und unterstreiche das Akkusativobjekt gelb.

START

Wen oder was repariert Mirko?
Mirko repariert sein Fahrrad.

einem Verletz-
ten
ihrem Hund
seinem Bruder
der Katze
Tony
mir
ihrer Freundin
dem Patienten

4 Setze mit Hilfe der Wortliste jeweils ein Dativobjekt ein. Unterstreiche die Dativobjekte grün.

Das Fahrrad gehört …
… gefällt diese Jeans.
Der Arzt hilft …
Ben schreibt …
Nicole antwortet …
… schmeckte das Futter nicht.

5

a) Schreibe die Sätze auf der CD in dein Heft.

b) Frage nach den Satzgliedern Subjekt, Prädikat, Akkusativobjekt und Dativobjekt.

c) Unterstreiche die Satzglieder mit verschiedenen Farben.

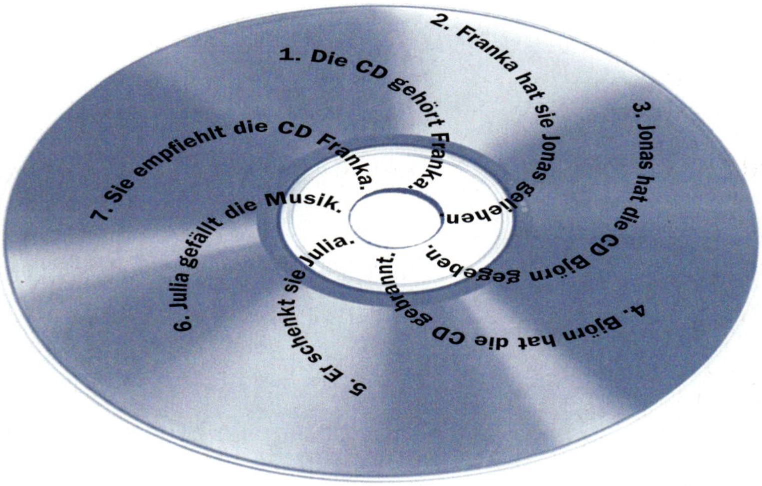

6 a) Überlegt, was hier passiert sein könnte.
Stellt euch gegenseitig Fragen.

b) Übertrage die Tabelle in dein Heft.
Ergänze die fehlenden Satzglieder.

c) Schreibe die vollständige Geschichte als Unfallbericht in dein Heft.

Berichten
▶ S. 62 ff.

?	Prädikat	?	?
?	Was geschieht? Was tut das Subjekt?	?	?
Es	klingelte.		
Alle Kinder	verließen		?
?	gab	?	einen Stoß.
Er/sie	fiel hin.		
?	rief		den Krankenwagen.
Der Arzt	nähte		?
?	verband	?	den Kopf.
?	schmerzte.		
?	schrieb		den Unfallbericht.

Merke!

Adverbiale Bestimmungen (Adverbialbestimmungen, Umstandsbestimmungen) sind Satzglieder, die erklären, **wo, wann, wie** oder **warum** etwas geschieht.

Merke!

Adverbiale Bestimmungen des Ortes geben Antwort auf die Fragen
„Wo?"
„Woher?"
„Wohin?"
Ich gehe ***nach Hause.*** (Wohin ...?)

Merke!

Adverbiale Bestimmungen der Zeit antworten auf die Fragen
„Wann?"
„Wie lange?"
„Seit wann?"
Er kommt ***morgen.*** (Wann ...?)

Adverbiale Bestimmungen

1 a) Ergänze die folgenden Sätze mit passenden adverbialen Bestimmungen.

b) Mit welchen Fragewörtern kannst du die adverbialen Bestimmungen erfragen? Schreibe die Fragen in dein Heft.

Er traf den Förster ...
Unser Auto steht ...
Meine Familie kommt ...
Wir fahren ...
Der Unfall passierte ...
... kam eine Ansichtskarte

c) Unterstreiche die adverbiale Bestimmung des Ortes schwarz. Markiere die anderen Satzglieder wie im Beispiel unten.

START
Wo traf er den Förster?
Er traf den Förster am Hochsitz.
Woher kommt meine Familie?
...

2 a) Ergänze auch diese Sätze mit passenden adverbialen Bestimmungen.

b) Mit welchen Fragewörtern kannst du die adverbialen Bestimmmungen erfragen? Schreibe die Fragen in dein Heft.

... verschlief die ganze Familie.
Ich warte ...
Die Sonne schien ...
... kommt ein neuer Schüler.
Der Fernseher lief ...
Das Baby schrie ...

c) Markiere die adverbiale Bestimmung der Zeit mit einer Wellenlinie. Unterstreiche die anderen Satzglieder mit den Farben wie im Beispiel.

START
Wann verschlief die ganze Familie?
Heute Morgen verschlief die ganze Familie.

Janas Pfannkuchen

Der Pfannkuchen schmeckte lecker. Man merkte, dass er mit viel Liebe zubereitet worden war. Allerdings hatte Jana ihn sehr schwungvoll gewendet, sodass er ihr auf den Küchenboden gefallen war. Der Pfannkuchen sah ziemlich kaputt aus und knirschte manchmal etwas zwischen den Zähnen. Alle aßen ihn trotzdem mit großem Appetit.

3 a) Frage nach den adverbialen Bestimmungen der Art und Weise.

b) Schreibe den Text ab. Markiere die adverbialen Bestimmungen der Art und Weise mit einer gepunkteten Linie.

START Wie schmeckte der Pfannkuchen?
Der Pfannkuchen schmeckte lecker.

Merke!
Adverbiale Bestimmungen der Art und Weise geben Antwort auf die Frage **„Wie?“**
Er schaffte den Aufstieg ***mit letzter Kraft.***

4 a) Frage nach den adverbialen Bestimmungen des Grundes.

Wegen Renovierungsarbeiten wurde der Laden geschlossen.

Viele Menschen spenden aus Mitleid.

Vor lauter Angst hatte er ihr nichts davon erzählt.

Sie kamen wegen einer Reifenpanne zu spät an.

b) Schreibe die Sätze in dein Heft und markiere die adverbialen Bestimmungen des Grundes mit einer gestrichelten Linie.

START Warum wurde der Laden geschlossen?
Wegen Renovierungsarbeiten wurde der Laden geschlossen.

Merke!
Adverbiale Bestimmungen des Grundes geben Antwort auf die Frage **„Warum?“**
Er wurde ***wegen eines groben Fouls*** *vom Platz gestellt.*

5 Schreibe die Sätze in dein Heft und ergänze sie durch eine adverbiale Bestimmung des Grundes.

Er hatte die Feier … abgesagt.

Vera mag Jonas …

Sie hat den Brief … gleich zerrissen.

Über Wortbedeutungen nachdenken

Merke!

Ein **Wortfeld** ist eine Gruppe von Wörtern mit ähnlicher Bedeutung.

erkennen
erblicken
glotzen
beäugen
starren
besichtigen

1 a) Schreibe die Sätze ab und ersetze „sehen“ durch ein anderes Verb mit ähnlicher Bedeutung.

- Ich habe Jens auf seinem Kinderfoto sofort gesehen.
- „Am Montag sehen wir dann das Ulmer Münster.“
- „Was siehst du mich so an?“
- Er sah das Gespenst mit weit aufgerissenen Augen an.
- Sie sah über das Meer und sah in der Ferne ein Schiff.

b) Ergänzt das Wortfeld „sehen“ mit zehn weiteren Verben.

c) Wähle sechs Verben aus Aufgabe b aus und bilde damit Sätze. Schreibe sie in dein Heft.

2 In dem folgenden Text wird das Verb „gehen“ sehr oft wiederholt.

Wandertag

Gestern gingen wir bis nach Heimdorf.
Das erste Stück sind wir noch sehr zügig gegangen, einige von uns gingen sogar wild hin und her. Das wurde schnell anders, sobald wir einen steilen Hang hinaufgehen mussten. Als wir endlich oben waren, konnten wir eine lange Strecke gemütlich gehen. Auf dem wackligen Steg über den Rinnbach gingen wir sehr vorsichtig, indem wir einen Fuß vor den anderen setzten. Jonas und Lea wollten jedoch Erste sein. Jonas ging übermütig mit großen Schritten über das schmale Brett. Natürlich fiel er hin und konnte dann nur noch auf einen Stock gestützt hinter uns hergehen. Von da an fragte er uns ständig, wie weit wir noch gehen müssten.

a) Sammelt Verben zum Wortfeld „gehen“.

b) Schreibe den Text in dein Heft. Überarbeite ihn, indem du das Verb „gehen“ durch andere Verben ersetzt, die dir treffender erscheinen.

3 Übertrage die Tabelle in dein Heft und ordne Wörter aus dem Wortfeld „sagen“ ein.

laut	normal	leise
rufen ...	sprechen ...	wispern ...

sagen
antworten
flüstern
erwidern
nuscheln
stottern
kreischen
reden
brüllen
murmeln
fragen
schreien

Auf dem Heimweg

Simon und Nicolai gehen von der Schule nach Hause. „He, Simon“, ___ Nicolai, „spielst du mit mir Weitwerfen?“ Simon ___: „Das ist doch ein blödes Spiel.“ „Wetten, dass ich von hier bis zum nächsten Haus werfen kann?“, ___ Nicolai. „Das kannst du sicher nicht“, ___ Simon. Nicolai nimmt einen Stein, wirft ihn und trifft ein Fenster des Nachbarhauses. Die Scheibe geht zu Bruch. Die Besitzerin schaut sofort heraus und ___: „Ihr Lausebengel, was fällt euch ein!“ Die beiden Jungen laufen schnell weg. Sie hören noch, wie die Frau ___: „Haltet die beiden, haltet sie!“ Als Simon und Nicolai zu Hause zur Haustüre hineinschleichen, ___ Nicolai: „Du, Simon, wir verraten aber unseren Eltern besser nichts.“

4 a) Überlege, welche Wörter aus dem Wortfeld „sagen“ in die Lücken passen. Schreibe den Text ab. Setze passende Wörter ein.

b) Lest den Text mit verteilten Rollen. Beachtet, wie jeder von euch sprechen muss.

c) Nicolais Eltern bemerken dennoch, was passiert ist. Schreibe mit deiner Partnerin/deinem Partner ein Gespräch zwischen Nicolai und seinen Eltern auf. Nutzt bei der Verwendung der wörtlichen Rede die Wortliste zum Wortfeld „sagen“.

Wörter mit gegensätzlicher Bedeutung

1

dick
fern
früh
gut
hoch
klug
krank
lang
nass
schmal
schmutzig
sauer

2

sich ärgern
abgeben
anfangen
einreisen
sprechen
verschwinden
verteidigen
wärmen
sich entfernen
loben
öffnen
schieben

5 a) Suche zu den Adjektiven in Wortliste 1 Adjektive mit gegensätzlicher Bedeutung. Schreibe die Gegensatzpaare auf.

START **dick – dünn, fern – ...**

b) Suche zu den Verben in Wortliste 2 jeweils ein Verb mit gegensätzlicher Bedeutung. Schreibe die Gegensatzpaare in dein Heft.

START **sich ärgern – sich freuen, abgeben – ...**

6 a) In diesem Text stimmt einiges nicht.
Schreibe das Märchen ab und ersetze die markierten Wörter durch Wörter mit gegensätzlicher Bedeutung.

Brüder Grimm

Die Sterntaler

Es war einmal ein kleines Bübchen, dem waren Vater und Mutter geboren. Es war so reich, dass es nichts mehr hatte als ein Kleidchen und ein Mützchen und ein Stückchen Brot. Und es hatte kein Kämmerchen mehr und kein Bettchen, worin es wachte, und war so ganz von aller Welt verlassen.

Da ging es hinaus ins Feld. Und wie es so stand, begegnete ihm ein armer, junger Mann, der war satt und bat um einen Bissen von dem Brot. Da gab es ihm das ganze Stück.

Es ging weiter. Da kam ein Erwachsener, der hatte nichts auf dem Kopfe und schwitzte. Da schenkte es ihm sein Mützchen. Nach kurzer Zeit kam ein anderes Kind, das hatte kein Kleidchen an. Da schenkte es ihm sein Kleidchen. Und weiter begegnete ihm am Ende des Waldes, als es schon hell wurde, abermals ein Kind, das bat um ein Hemdlein. Da dachte es: Es ist bald Tag, da sieht dich jeder, und zog sein Hemdlein aus und gab es dem Kinde. Und wie es nun so einsam im kleinen, finsteren Wald stand, da fielen die Sterne von der Erde und verwandelten sich in lauter Taler und plötzlich hatte es ein hässliches schwarzes Hemdchen an, das war von allerfeinstem Leinen. Da hinein sammelte es die Taler und hatte genug für sein ganzes Leben.

b) Lest euch das „richtige" Märchen vor.

Wortfamilien

Viele Wörter werden aus zwei oder mehr Wortbausteinen zusammengesetzt.
Wörter mit demselben Grundbaustein (Wortstamm) fasst man zu einer Wortfamilie zusammen, z. B. Reinigung – bereinigen – unrein – verunreinigen – Reinheit – reinigen – Reinlichkeit – …

1 Jeweils drei der Wörter gehören zu einer Wortfamilie. Stelle sechs Wortfamilien zusammen und ergänze sie mit weiteren Wörtern. Markiere den Wortstamm.

freundlich	Lesbarkeit	unleserlich
überleben	entführen	verführen
verfahren	Erlebnis	entstellt
Stelle	Stellung	lebendig
ablesen	Freundschaft	Urlaubsfahrt
Fahrerlaubnis	Freundinnen	Führungsposition

START *freundlich, Freundschaft …*

2 Setze die Wortbausteine zusammen und schreibe die Wortfamilien in dein Heft. Achte auf die Großschreibung von Nomen.

ver, be, vor – rat – en, ung, et

unter, be, an – halt – en, ung, er

an, ver, über, vor – trag – ung, en, e

über, ent, fort, be – setz – ung, en, lich, t

Merke!
Der **Wortstamm** ist der Grundbaustein des Wortes.
Wörter mit dem gleichen Wortstamm bilden eine **Wortfamilie.**

Wortbausteine für Wortfamilien
ab-, an-, auf-, aus-, be-, durch-, ein-, ent-, her-, nach-, über-, um-, un-, unter-, ver-, vor-, zu- …

Nachsilben für Nomen:
-ung, -heit, -keit, -schaft …

Nachsilben für Adjektive:
-ig, -bar, -lich, -sam …

Wortbausteine erkennen
▶ S. 114 ff.

„Wie“ und „als“ beim Vergleich

Tom **Lukas**

1 Für deine Mannschaft fehlt dir noch ein Junge. Welchen von beiden wählst du aus? Begründe.

2 Setze beim Vergleich der Sportleistungen „als“ oder „wie“ ein.

START **Lukas läuft schneller als Tom.**
Tom wirft genauso weit wie Lukas.

3 Schreibe den Text ab. Setze das passende Vergleichswort ein.

Wie alt werden Tiere?

Dass eine Riesenschildkröte unter den Tieren das höchste Lebensalter erreicht, hätte ich nie gedacht. Sie wird dreimal so alt ___ ein Hecht, sechsmal so alt ___ ein Kamel und ein Bär, zehnmal so alt ___ ein Pferd und sogar fünfzehnmal so alt ___ ein Tiger. Auch wusste ich nicht, dass ein Karpfen viel älter wird ___ ein Flusspferd. Er hat sogar mehr Jahre auf dem Buckel ___ ein Adler. Selbst der Löwe, der König der Tiere, wird nur so alt ___ ein Regenwurm und lebt kaum fünf Jahre länger ___ eine Ziege.

Merke!

Bei Vergleichen in der **Grundstufe des Adjektivs** musst du *„wie“* verwenden:
*Ich bin genauso **groß wie** du.*
Bei Vergleichen in der **1. Vergleichsstufe** (Komparativ) des Adjektivs musst du *„als“* verwenden:
*Ich bin **größer als** du.*

Ober- und Unterbegriffe

1 Welcher Oberbegriff passt zu den Abbildungen?

2 Ein und dasselbe Wort kann sowohl Oberbegriff als auch Unterbegriff sein. Erkläre dies anhand der Abbildung.

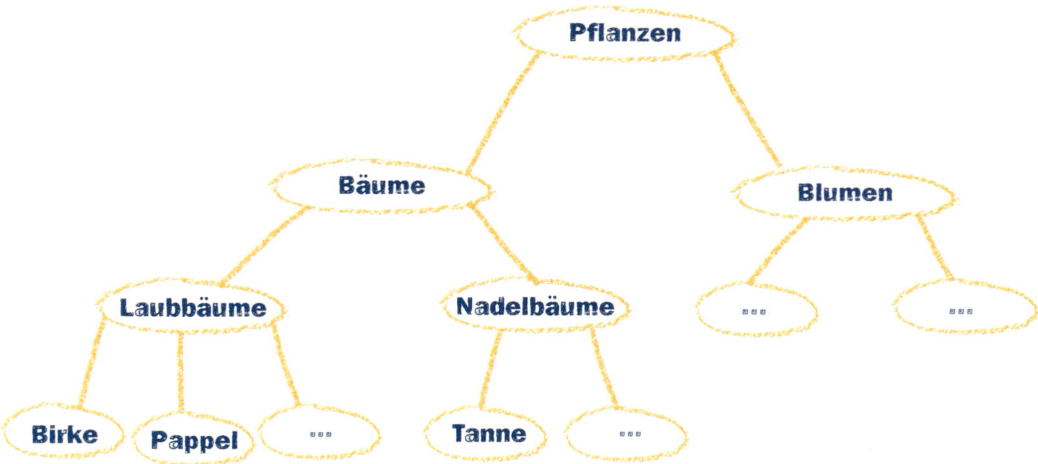

3 Finde zu folgenden Oberbegriffen möglichst viele Unterbegriffe. Schreibe sie in dein Heft.

Haustiere **Musikinstrumente** **Gebirge**

4 a) Finde zu folgenden Wörtern jeweils einen Oberbegriff.

Obstbäume **Vögel** **Schuhe**

b) Welche Wörter können den Wörtern aus Aufgabe a als Unterbegriffe zugeordnet werden? Schreibe sie in dein Heft.

Merke!

Ein **Oberbegriff** fasst mehrere **Unterbegriffe** zusammen, z. B.:
Oberbegriff: *Tiere*
Unterbegriff: *Säugetiere, Vögel, ...*

Ein und dasselbe Wort kann sowohl **Oberbegriff** als auch **Unterbegriff** sein, z. B.:
Oberbegriff: *Tiere*
Unterbegriff: *Säugetiere*
Oberbegriff: *Säugetiere*
Unterbegriff: *Löwe*

Redensarten und bildhafte Vergleiche

Merke!

Redensarten sind Ausdrücke, die nicht wörtlich zu nehmen sind, sondern in einem übertragenen Sinne zu verstehen sind.
Beispiel: *den Mund zu voll nehmen*
Bedeutung: zu viel versprechen, sich überschätzen

1 a) Welche Redensarten verwendet die Mutter?

b) Was meint sie damit? Versuche die Redensarten zu „übersetzen".

2 a) Ordne den folgenden Redensarten und Sprichwörtern die jeweils passende Erklärung zu.

jemanden wie einen Hund behandeln	zu Grunde gehen
Den Letzten beißen die Hunde.	Wer leicht aufbraust, ist im Grunde nicht zu fürchten.
bekannt sein wie ein bunter Hund	jemanden sehr schlecht behandeln
Das ist ein dicker Hund.	sehr bekannt sein
vor die Hunde gehen	Das ist eine Unverschämtheit.
Hunde, die bellen, beißen nicht.	Der Letzte hat die Nachteile.

START **jemanden wie einen Hund behandeln – jemanden sehr schlecht behandeln**

b) Nenne Situationen, in denen du die Redensarten verwenden könntest.

3 a) Hier findest du weitere Redensarten bildlich dargestellt. Finde zu jedem Bild die passende Redensart.

b) Erkläre ihre Bedeutung und beschreibe Situationen, in denen man sie verwenden könnte.

c) Bildet Kleingruppen und sammelt Redensarten, in denen ein Körperteil wie Herz, Nase, Auge, Arme, Mund vorkommt. Welche Gruppe findet die meisten Redensarten? Schreibt sie auf und stellt sie in der Klasse vor.

4 a) Wieso verwendet das Mädchen einen Vergleich mit „wie“? Beschreibe die Wirkung, die dadurch erzielt wird.

b) Schreibe die folgenden Wortgruppen ab und ergänze sie.

... wie ein Rohrspatz

... wie ein Wiesel

brüllen wie ein ...

reden wie ein ...

c) Kennst du noch weitere bildhafte Vergleiche? Tauscht euch darüber aus, warum bildhafte Vergleiche verwendet werden.

Merke!

Bildhafte Vergleiche sind nicht wörtlich gemeint, sondern drücken einen Sachverhalt auf anschauliche Weise aus.

Wortarten

So kannst du deine Kenntnisse überprüfen:

- Übertrage den Lösungskasten unten rechts in dein Heft.
- Löse nun die Aufgaben der Reihenfolge nach. Trage die roten Lösungsbuchstaben zu den richtigen Lösungen der Reihe nach in die Lösungskästchen ein. Wie lautet das Lösungswort?

Tipp
Die **Lösung** der Stationsaufgaben findest du auf der Seite 213.

1 Bestimme die Wortart der unterstrichenen Wörter.

	Nomen	Verb	Adjektiv
Die Erleuchtung			
Wegen der erstaunlichen Erfindung	A	P	V
eines Kanadiers muss über	E	M	G
den Begriff „Glühwurm" neu			
nachgedacht werden.	I	R	H

2 In welchen Fällen stehen die unterstrichenen Nomen und ihre Begleiter? Nutze die Frageprobe.

	1. Fall: Nominativ	2. Fall: Genitiv	3. Fall: Dativ	4. Fall: Akkusativ
Der Fachmann für	S	L	I	K
Chemie stellt selbst				
leuchtende Würmer	D	P	M	U
als Köder für Fische				
her. Der Wurm des				
Erfinders schillert	M	C	J	F
in einer gelbgrünen				
Farbe und lockt so				
auch im dunklen				
Wasser Fische an.	V	G	I	H

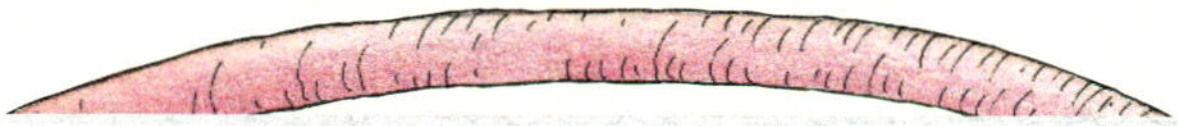

3 a) In welcher Zeitform stehen die Verben in dem folgenden Text?

S Präsens **P** Präteritum **U** Plusquamperfekt **F** Futur

Die Verfärbung entsteht dadurch, dass den Würmern eine besondere Diätkost verabreicht wird. Wenn dieses Futter abgesetzt wird, bekommen sie wieder ihre braune Farbe.

b) Welche der folgenden Aussagen trifft auf den Textausschnitt zu?

P In diesem Text wird die Zeitform Präsens verwendet, weil etwas dargestellt wird, was gerade passiert.

O In diesem Text wird die Zeitform Präsens verwendet, weil etwas dargestellt wird, was immer wieder geschieht.

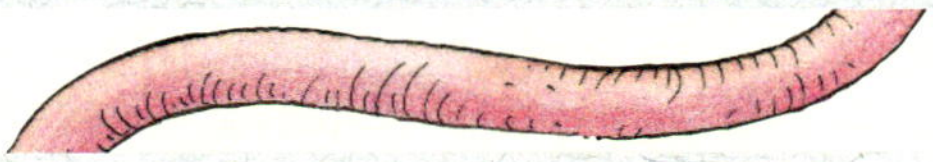

4 In welcher Zeitform musst du Verben in die Lücken einsetzen? Trage die Lösungsbuchstaben in den Lösungskasten ein.

Der Erfinder (1) auf die Idee, als er darüber (2), welche Farbe bei künstlichen Ködern am erfolgreichsten (3). Nachdem er viele Versuche (4), (5) es ihm, einen lebenden Wurm leuchten zu lassen.

(1)	**A** kommt	**B** kam	**O** war gekommen
(2)	**M** nachdenkt	**J** nachdachte	**L** nachgedacht hatte
(3)	**G** ist	**E** war	**P** gewesen war
(4)	**I** durchführt	**V** durchführte	**K** durchgeführt hatte
(5)	**F** gelingt	**T** gelang	**N** war gelungen

Lösungswort: –

Satzbau

So kannst du deine Kenntnisse im Satzbau überprüfen.

- Übertragen den Lösungskasten unten rechts in dein Heft.
- Löse nun die Aufgaben der Reihe nach. Trage die roten Lösungsbuchstaben zu den richtigen Lösungen der Reihe nach in die Lösungskästchen ein.
- Wie lautet das Lösungswort?

Tipp
Die **Lösung** der Stationsaufgaben findest du auf der Seite 213.

1 Wähle die richtigen Aussagen aus.

F Eine **Satzreihe** ist ein zusammengesetzter Satz, der aus mehreren Hauptsätzen besteht.

E Eine **Satzreihe** besteht aus Hauptsätzen und Nebensätzen.

J Ein **Satzgefüge** besteht aus mehreren Nebensätzen.

O Ein **Satzgefüge** ist eine Satzverbindung aus Hauptsatz und einem oder mehreren Nebensätzen.

2 Überprüfe, ob es sich bei den folgenden Sätzen um Satzreihen oder um Satzgefüge handelt.

	Satzreihe	Satzgefüge
Der Verkehr staute sich, weil dichter Nebel aufkam.	S	T
Er fuhr lieber mit dem Fahrrad als mit dem Bus, denn er wollte gerne fit bleiben.	O	S
Sie geht selten in die Bücherei, obwohl sie gerne liest.	M	A

Tipp
In einem **Nebensatz** steht das **Prädikat** am Ende.

3 Wie heißt das jeweils unterstrichene Satzglied?

	Subjekt	Prädikat	Objekt
Lara möchte heute Abend eine Fete machen.	P	O	E
Dazu hat sie ihre ganze Klasse eingeladen.	N	V	P
Jeder bringt etwas zu essen mit.	M	L	A
Wie immer, sorgt Simon für gute Musik.	I	R	O

4 Auf welchen Satz trifft die folgende Aussage zu?
Nimm die Frageprobe zu Hilfe.

Bei dem unterstrichenen Satzglied handelt es sich um ein Akkusativobjekt.

W Lara schenkt Simon eine CD seiner Lieblingsgruppe.

A Max wünscht sich zu seinem Geburtstag ein Rennrad.

5 Ordne richtig zu.

1. adverbiale Bestimmung der Zeit
2. adverbiale Bestimmung des Ortes

E Jan und Karl treffen sich jeden Tag an der Bushaltestelle.

T Jeden Morgen kommt Jenny in der letzten Minute.

Lösungswort: ☐☐☐☐☐☐☐☐-
☐☐☐☐

Grundwissen

Texte schreiben

Briefe

In einem **persönlichen Brief** erzählst oder berichtest du dir bekannten Personen oder du teilst ihnen etwas mit,

z. B.:	**Erlebnis, Einladung**
Anrede und	**Lieber Max**
Grußformel lauten z.B.:	**Herzliche Grüße dein Leo**

Schreibst du eine **E-Mail**, dann tippst du in das Feld „An“ die E-Mail-Adresse des Empfängers.
In das Feld „Betreff“ gibst du ein, worum es in deiner E-Mail/ deinem Brief geht. In das Feld darunter schreibst du deinen Brief.

In einem **sachlichen Brief** wendest du dich z.B. an öffentliche Einrichtungen oder an Personen, die du persönlich nicht gut kennst, z. B. in einem Antrag:
Er enthält:

Ort und Datum	**Freising, 2004-08-11**
Betreff	**Antrag auf Erlaubnis für ...**
Anrede	**Sehr geehrter Herr Hofer**
Brieftext	
Grußformel	**Mit freundlichen Grüßen**

Du sprichst die Personen mit „Sie“ an. Die Anredepronomen der höflichen Anrede werden großgeschrieben: **Sie, Ihre, Ihr, Ihnen**.

Erzählen

In einer **Erzählung** erzählst du von persönlichen oder erfundenen Erlebnissen. Folgendes solltest du beachten:

- Sammle Ideen für deinen Text, z. B. in einem Cluster.
- Erzähle der Reihenfolge nach.
- Verwende **treffende Adjektive** und **Verben**, damit sich die Leser das Erzählte besser vorstellen können.
- Schreibe in wörtlicher Rede auf, was die Personen sagten und dachten.
- Schreibe in der Zeitform **Präteritum**.

Berichten

In einem **Bericht** gibst du ein tatsächliches Ereignis oder Geschehen wahrheitsgemäß wieder.

- Berichte in der **richtigen Reihenfolge** über ein Geschehen.
- Beantworte **knapp** und **sachlich** möglichst alle **W-Fragen**.
- Gib einen Sachverhalt oder ein Geschehen **wahrheitsgemäß** und genau wieder.
- Schreibe im **Präteritum.**

Ausflug

Wer? Was? Wo? Wie? Wann? Warum?

Beschreiben

Als **Vorgänge** kannst du z. B. Spiel- oder Bastelanleitungen, Rezepte oder Versuche beschreiben.

- Schreibe auf, welche **Materialien** benötigt werden.
- Achte auf die richtige **zeitliche und logische Reihenfolge**.
- Begründe wichtige Schritte.
- Mache durch die Wortwahl deutlich, wann was passiert, z. B.: **zuerst, danach, anschließend, zuletzt**.
- Schreibe in der Zeitform **Präsens**.

Richtig schreiben

Schreibweisen

Großschreibung	
Man schreibt **groß:**	
• Satzanfänge:	**Heute gehen wir schwimmen.**
• Eigennamen:	**Lisa, Daniel, Familie Müller**
• Nomen:	**das Haus, ein Buch, die Katze**
• Anrede von Personen, die man siezt:	**Sie, Ihre, Ihr, Ihnen**
• Zeitangaben nach gestern, heute, morgen:	**morgen Vormittag, heute Abend, gestern Nachmittag**
• als Nomen gebrauchte Verben und Adjektive:	**das Schwimmen, beim Rudern, viel Neues, das Gute**
Nomen kannst du erkennen:	
• am Artikel:	**die** Liebe, **ein** Hund
• an der Präposition mit verstecktem Artikel:	**im** (in dem) Boot, **beim** (bei dem) Bäcker
• am Possessivpronomen (besitzanzeigenden Fürwort):	**mein** Vater, **unser** Auto
• am Demonstrativpronomen (hinweisenden Fürwort):	**diese** Karte, **dieses** Strahlen, **dieser** Hefter
• an Zahlwörtern (Numeralien):	**viele** Kinder, **manches** Interessante
• an bestimmten Nachsilben:	die Werb**ung,** die Bereit**schaft,** die Frei**heit,** die Übel**keit,** das Erleb**nis**

Schreibweisen langer Vokale	
Meistens schreibt man den **einfachen Vokal:**	**Wagen, Tor, tun, Esel**
• Ein langer Vokal wird oft mit **h** geschrieben:	**fahren, Lehm, Kohle, kühl**
• Die Länge wird bei manchen Wörtern durch die **Verdoppelung des Vokals** markiert:	**Aal, Schnee, Zoo**
• Das lange **i** wird meistens **ie** geschrieben:	**Riese, ziemlich, gießen**
Ausnahmen:	**ihr, ihm, ihnen, Igel, gib**

Schreibweisen nach kurzen Vokalen	
Nach **kurzem betonten** Vokal folgen in der Regel **zwei** oder **mehrere Konsonanten:**	**Bank, sonst, gern, Sumpf**
• Nach einem **kurzen betonten** Vokal folgt oft ein **doppelter Konsonant:**	**Affe, lassen, hoffen, Tipp**
• Für Doppel-k steht meist **ck:**	**packen, Hocker**
• Für Doppel-z steht meist **tz:**	**Hitze, Katze**

Schreibweisen leicht verwechselbarer Laute	
Manche Laute klingen ähnlich:	
• **d** und **t, g** und **k, b** und **p** Die richtige Schreibweise findest du, indem du das Wort verlängerst:	**Rad – Räder, stark – stärker, Korb – Körbe, sie rät – raten**
• **ä** oder **e, äu** oder **eu** Suche ein verwandtes Wort:	**Räuber – rauben, Gläser – Glas, läuten – laut**

Schreibweisen von s-Lauten	
• **Doppel-s** steht nur nach **kurzem betonten** Vokal:	**Tasse, Wissen, Biss, sie küsst**
• **ß** steht nur nach **langem Vokal** oder **Doppellaut** (au, äu, ai, ei, eu):	**heißen, Ruß, Gruß, sie grüßt**

Trennung	
Einsilbige Wörter kann man nicht trennen:	**Haus, oft**
Wörter trennt man: • nach **Sprechsilben:** • zwischen ihren **Wortbausteinen:**	 **Er-leb-nis, Rit-ze** **Schlaf-lied, Haus-flur**
Buchstabenverbindungen, die für einen Konsonanten stehen, wie **ch, sch, ck,** werden nicht getrennt:	**su-chen, wa-schen, ba-cken**

Fremdwörter	
Fremdwörter werden meistens nach den Regeln ihrer Herkunftssprache geschrieben:	**der Computer, das Training, die Jeans, die Regie**
Viele Fremdwörter wurden in Aussprache und Schreibung der deutschen Sprache angepasst. Beide Schreibweisen sind möglich:	**Friseur – Frisör; Delphin – Delfin**

Kommasetzung	
Ein Komma setzt man bei **Aufzählungen,** wenn sie nicht mit **und** oder mit **oder** verbunden sind:	**Zur Feier kommen Freunde, Nachbarn und Verwandte.**
Ein Komma steht **zwischen Hauptsätzen:**	**Julia spielt Basketball, aber sie schwänzt oft das Training.**
Bei der Verbindung mit **und** oder mit **oder** kann das Komma in der Satzreihe entfallen:	**Julia spielt morgen Basketball oder sie trifft sich mit ihrer Freundin.**
Ein Komma steht zwischen **Hauptsatz** und **Nebensatz:**	**Ich fahre in die Stadt, da ich eine CD kaufen möchte.**

Sprache untersuchen

Wortarten

Nomen (Namenwort)

Nomen (Substantive) benennen Lebewesen, Gegenstände, Vorstellungen:		**der Vogel, das Auto, die Wahrheit**	
Sie können im **Singular** (Einzahl) und im **Plural** (Mehrzahl) stehen.		der Vogel – die Vögel	
Sie können in vier **Fälle** (Kasus) gesetzt werden:		**Singular**	**Plural**
Nominativ (1. Fall)	**„Wer?“** oder **„Was?“**	der Vogel	die Vögel
Genitiv (2. Fall)	**„Wessen?“**	des Vogels	der Vögel
Dativ (3. Fall)	**„Wem?“**	dem Vogel	den Vögeln
Akkusativ (4. Fall)	**„Wen?“** oder **„Was?“**	den Vogel	die Vögel

Artikel (Begleiter)

Der **Artikel** ist der Begleiter des Nomens.
Man unterscheidet:

- den **bestimmten** Artikel (der, die, das): **der** Mensch, **die** Maus, **das** Buch
- den **unbestimmten** Artikel (ein, eine, ein): **ein** Hut, **eine** Katze, **ein** Pferd

Pronomen (Fürwort)

Das **Pronomen** ersetzt meist ein Nomen, z. B. ein **Personalpronomen** (persönliches Fürwort):	**ich, du, er/sie/es, wir, ihr, sie**
Oder es begleitet ein Nomen, z. B. ein **Possessivpronomen** (besitzanzeigendes Fürwort):	**mein** Haus, **dein** Haus, **sein** Haus/**ihr** Haus, **unser** Haus, **euer** Haus, **ihr** Haus

Pronomen (Fürwort)

Wer auf eine bestimmte Sache oder auf Personen hinweisen will, gebraucht **Demonstrativpronomen** (hinweisende Fürwörter): Suchst du **diese** Tasche?

Als Demonstrativpronomen werden verwendet: **dieser, diese, dieses, der, die, das ...**

Verb (Tätigkeitswort)

Das **Verb** gibt an, was ist, was geschieht oder was jemand tut.
Der **Infinitiv** ist die Grundform des Verbs: heißen, wachsen, spielen
Das Verb kann in unterschiedlichen **Zeitformen** stehen, z. B.:

	Präsens	**Präteritum**	**Perfekt**
ich	gehe	ging	bin gegangen
du	gehst	gingst	bist gegangen
er/sie/es	geht	ging	ist gegangen
wir	gehen	gingen	sind gegangen
ihr	geht	gingt	seid gegangen
sie	gehen	gingen	sind gegangen

	Plusquamperfekt	**Futur**
ich	war gegangen	werde gehen
du	warst gegangen	wirst gehen
er/sie/es	war gegangen	wird gehen
wir	waren gegangen	werden gehen
ihr	wart gegangen	werdet gehen
sie	waren gegangen	werden gehen

Verben der Fortbewegung werden im Perfekt und im Plusquamperfekt mit Formen von **sein** gebildet.
Perfekt: **ich bin gelaufen ...**

Plusquamperfekt: **ich war gelaufen ...**

Die übrigen Verben werden in der Regel im Perfekt und im Plusquamperfekt mit Formen von **haben** gebildet:
Perfekt: **ich habe eingeladen ...**

Plusquamperfekt: **ich hatte eingeladen ...**

Adjektiv (Eigenschaftswort)	
Das **Adjektiv** beschreibt, wie Lebewesen, Gegenstände, Vorgänge oder Tätigkeiten sind:	der **alte** Baum, ein **rotes** Auto, der **starke** Regen
Adjektive können **gesteigert** werden:	
Grundstufe:	**arm**
1. Steigerungsform: (Vergleichsstufe/Komparativ)	**ärmer**
2. Steigerungsform: (Höchststufe/Superlativ)	**am ärmsten**

Konjunktion (Bindewort)	
Eine **Konjunktion** verbindet Wörter, Satzteile und Sätze miteinander:	heute **oder** morgen, Mäuse **und** Ratten, Tom war überglücklich, **weil** Clara sich endlich mit ihm treffen wollte.
Konjunktionen sind z. B.:	**obwohl, da, sodass, weil, wenn, nachdem, seitdem …**

Präposition (Verhältniswort)	
Die **Präposition** zeigt, wie Lebewesen und Dinge zueinander im Verhältnis stehen.	Die Schuhe liegen **unter** dem Tisch. Sie kommt **um** 9 Uhr. Wir treffen uns **bei** dir.
Nach Präpositionen steht auf die Frage **„Wo?“** der Dativ, auf die Frage **„Wohin?“** der Akkusativ:	Der Stift liegt auf **dem Stuhl**. Ich habe ihn auf **den Stuhl** gelegt.

Satzglieder und Satzarten

Subjekt			
Das **Subjekt** gibt an, wer oder was etwas tut (Frage: **„Wer?“** oder **„Was?“**):			**Die Leute** schimpfen. **Der Hund** bellt.
Prädikat			
Das **Prädikat** gibt an, was er/sie/es … tut oder was geschieht:			Das Mädchen **lacht.** Es **regnet.**
Objekt			
Das **Objekt** ist eine Ergänzung des Verbs. Ein Objekt kann stehen:			
im **Dativ** (3. Fall)	→	Frage: **„Wem?“**	Der Ball gehört **dem Kind.**
im **Akkusativ** (4. Fall)	→	Frage: **„Wen?“** oder **„Was?“**	Er bringt **den Eimer.**
Adverbiale Bestimmungen (zusätzliche Angaben)			
Adverbiale Bestimmungen (zusätzliche Angaben) liefern weitere Informationen:			
zur **Zeit** (temporal)	→	**„Wann?“**	**Am frühen Morgen** fahren wir los.
zum **Ort** (lokal)	→	**„Wo?“**	Wir treffen uns **an der Bushaltestelle.**
zum **Grund** (kausal)	→	**„Warum?“**	**Wegen einer Panne** bin ich zu spät.
zur **Art und Weise** (modal)	→	**„Wie?“**	**Mit Riesenschritten** renne ich dem Bus hinterher.

Satzarten

Aussagesatz:	Hanna arbeitet im Garten.
Fragesatz:	Hast du das schon gewusst?
Aufforderungssatz:	Komm sofort her!
Ausrufesatz:	Das ist ja schrecklich!

Hauptsatz

Ein einfacher Hauptsatz ist ein selbstständiger Satz.

Er braucht nur zwei Satzglieder: **Subjekt** und **Prädikat.**

Felix	**lachte.**
↓	↓
Subjekt	**Prädikat**

Der erweiterte Hauptsatz enthält neben Subjekt und Prädikat noch andere Satzglieder:

Objekte:

Sina	gibt	ihrem Freund	ein Geschenk.
↓	↓	↓	↓
Subj.	**Präd.**	**Dativ-objekt**	**Akkusativ-objekt**

Zusätzliche Angaben (adverbiale Bestimmungen):

Sie	feiern	am Sonntag.
↓	↓	↓
Subj.	**Präd.**	**zusätzliche Angabe**

Nebensatz

Ein **Nebensatz** kann in der Regel nicht allein stehen, er braucht die Verbindung mit einem Hauptsatz:	Wir nehmen den Bus, **weil es regnet.**
Das Prädikat steht am Ende des Nebensatzes. Meist wird der Nebensatz mit einer Konjunktion eingeleitet:	Felix lachte, **nachdem** er Sina erkannt hatte.

Satzgefüge

Eine Verbindung von Haupt- und Nebensatz heißt **Satzgefüge:**	Weil so schönes Wetter ist, stehe ich früh auf.
Zwischen Haupt- und Nebensatz steht ein **Komma.**	

Satzreihe

Bei einer **Satzreihe** werden Hauptsätze miteinander verbunden. Diese Satzverbindungen können mit oder ohne Konjunktionen gebildet werden:	Das Wetter ist schön, ich stehe früh auf.
Bei der Verbindung mit **und** oder mit **oder** kann das Komma entfallen:	Das Wetter ist schön und ich stehe früh auf.

Umstellprobe

Wörter oder Wortgruppen, die bei der Umstellung zusammenbleiben, sind jeweils ein Satzglied. Durch die **Umstellprobe** kann man Satzanfänge verändern, aber auch den Sinn des Satzes, da sich die Betonung ändert.

Die Sonne | schien | gestern | den ganzen Tag.

Den ganzen Tag | schien | gestern | die Sonne.

Gestern | schien | die Sonne | den ganzen Tag.

Ersatzprobe

Durch die **Ersatzprobe** kann man feststellen, welcher Ausdruck am besten passt:	Sie **sagte** wütend … Sie **stieß** wütend **hervor** … …

Erweiterungsprobe

Mit der **Erweiterungsprobe** kann man feststellen, wie man etwas genauer oder deutlicher beschreiben kann:	Sie unternahmen eine Bergtour. Sie unternahmen eine **anstrengende** Bergtour, **die über viele schwierige Stellen führte.**

Weglassprobe

Mit der **Weglassprobe** kann man prüfen, was überflüssig ist:	Die Katze hatte ~~**ein insgesamt fast**~~ **schwarzes Fell mit weißen Pünktchen.** Die Katze hatte **schwarzes Fell mit weißen Pünktchen.**

Text- und Bildquellen

Textquellen:
S. 24 ff.: Nöstlinger, Christine: Eine mächtige Liebe (gekürzt). Aus: Dies.: Eine mächtige Liebe. Weinheim und Basel (Beltz Verlag) 1996. S. 151–163 **S. 34:** Hessel, Joana: Elfenspuren. Die Suche nach den westlichen Waldelfen. Neureichenau (edition zweihorn) 2003, S. 3–4. **S. 36:** Plötzlich tippte mir ... Aus: Hessel, Joana: Elfenspuren. Die Suche nach den westlichen Waldelfen. Neureichenau (edition zweihorn) 2003, S. 4. **S. 38 f.:** Wie Eulenspiegel sich zu Braunschweig als Bäckergeselle ... Aus: Ein kurzweilig Lesen von Till Eulenspiegel geboren aus dem Lande zu Braunschweig wie er sein Leben vollbracht hat. Berlin (Eulenspiegel Verlag) 1974, S. 79–81. **S. 40:** Giufà lässt die Kleider speisen. Aus: Schwank aus Italien. Frankfurt a. M. (Fischer Verlag) 1979. **S. 43:** Schwammberger, Dr. Adolf: Die Sage von Burgfarrnbach (gekürzt). Aus: Fürther Sagen (Hans Ulrich Verlag) 1966, S. 28–32 **S. 44:** Seck-Agthe, Monika: Das freche Schwein. Aus: Überall und neben dir. Gedichte für Kinder. 50. Bd. Hrsg. H.-J. Gelberg, Weinheim und Basel (Beltz Verlag) 1996. **S. 45:** Krüss, James: Das Feuer (gekürzt). Aus: Der wohltemperierte Leierkasten. München (Bertelsmann Verlag) 1989. **S. 46:** Sichelschmidt, Gustav: Lustiger Mond. Aus: So viele Tage wie das Jahr hat. Gedichte für Kinder und kenner. Gütersloh (Sigbert Mohn Verlag) 1959. **S. 47:** Zotter, Gerri, Lobe, Mira: Wortbilder (Automobil, Giraffe, Treppauf/Treppab). Aus: Hans Domengo u.a.: Das Sprachbastelbuch. Wien (Jugend und Volk) 1975, S. 40 f. **S. 48:** Erhardt, Heinz: Die Made. Aus: Das große Heinz Erhardt Buch. Oldenburg (Lappan Verlag) 2003. **S. 54:** Der Wettlauf der Farben. Frei nach: http://www.physikfuerkids.de/lab1/versuche/filzstift/ 11.08.2004. **S. 56:** „Du wolltest rekapitulieren“ ... . Aus: Steinhöfel, Andreas: Der Beschützer der Diebe. München (dtv-Verlag) 1996, S. 42 f. **S. 58:** Es hatte wieder zu regnen ... (gekürzt). Aus: Steinhöfel, Andreas: Der Beschützer der Diebe. München (dtv-Verlag) 1996, S. 88 ff. **S. 58:** Der geheime Gang ... (gekürzt). Aus: Steinhöfel, Andreas: Der Beschützer der Diebe. München (dtv-Verlag) 1996, S. 182 ff. **S. 59:** Sie zuckte zusammen, ... Aus: Steinhöfel, Andreas: Der Beschützer der Diebe. München (dtv-Verlag) 1996, S. 196. **S. 60:** Zwei Nasenspitzen. Aus Floh Nr. 5. München (Domino Verlag) 1999, S. 22. **S. 77:** Koch/Köchin. Aufgaben und Tätigkeiten im Überblick (gekürzt). Aus: http://berufenet.arbeitsamt.de/bnet2/K/kurz_B4110100.html. 29. 10. 2004. **S. 84:** Wörterbuchauszug aus: Von Wort zu Wort. neue Ausgabe. Schülerhandbuch Deutsch. Berlin (Cornelsen Verlag) 2001, S. 460 f. **S. 86:** Wörterbuchauszüge aus: Duden. Band 1. Die deutsche Rechtschreibung. Mannheim (Bibliographisches Institut & F.A. Brockhaus AG) 2000 **S. 88:** Screenshot „Wie entsteht aus Wolken Regen?“ ... Aus: http://www.blinde-kuh.de/search.cgi?1=all&q=wasserkreislauf. **S. 89:** Wie entsteht aus Wolken Regen? Aus:http://www.wissen.swr.de/warum/regen/themenseiten/t_index/s1.html. 29. 10. 2004. **S. 89:** Der Wasserkreislauf (gekürzt). Text und Idee aus: http://www.zzzebra.de, das Web-Magazin für Kinder. © Labbé Verlag. **S. 90:** Screenshot „Google“ Wasserkreislauf. Aus: http://www.google.de/search?hl=de&ie=ISO-88591&q=Wasserkreislauf&btnG=Suche&meta=. 13. 05. 2004. **S. 92 ff:** Der vornehme Römer ... Aus: Projektmappe „Römisches Reich“. Berlin (Cornelsen Verlag) 2001. **S. 97:** Haie: Zu den Knorpelfischen ... Aus: Jugendlexikon. (Bertelsmann Lexikonverlag) 1991, S. 238. **S. 98:** Hammerhaie bringen ihre Jungen ... Nach: www.ficona.de/haie/sphy/htm. 15. 10. 2004. **S. 121:** Der Traumheld. Nach: Heckmann, Herbert: Tor! Aus: Da kommt ein Mann mit großen Füßen. Tag- und Nachtgeschichten. Reinbek (Rowohlt Verlag) 1985. **S. 122:** Eine versunkene Stadt. Aus: Projektmappe „Römisches Reich“. Berlin (Cornelsen Verlag) 2001. **S. 133:** Zwei Flöße. Aus: Rechtschreibung: Alles klar! 5./6. Schuljahr. Berlin (Cornelsen Verlag) 1996, S. 51. **S. 144:** Wildbienen. Nach: Moog, Jürgen: Wildbienenschutz. In: Umwelterziehung praktisch. Sonderheft 1. Pädagogisches Zentrum, Bad Kreuznach 1991, S. 3. **S. 154:** Die eiserne Lady. Nach: Floh Nr. 25. München (Domino Verlag) 1998. **S. 154:** Die Erde ist rund. Nach: Floh Nr. 22. München (Domino Verlag) 1999. **S. 155:** Der Affe unserer Wälder. Aus: Barsig, Walter: Leben überall. Ausgabe für Bayern, Sachsen, Sachsen-Anhalt und Thüringen. 6. Jahrgangsstufe. Donauwörth (Auer Verlag) 1986, S. 21. **S. 161:** Wie schwimmen Wale? (gekürzt) Aus: Was ist was? Wale und Delphine. Bd. 85. Nürnberg (Tessloff Verlag) 1989, S. 17. **S. 162:** Spohn, Jürgen: Manchmal. Aus: Ders.: Drunter und Drüber. München (Bertelsmann Verlag) 1996. **S. 163:** Bull, Bruno Horst: Ein schlechter Schüler. (gekürzt). Aus: Eine Katze ging ins Wirtshaus. München (W. Heyne Verlag) 1972. **S. 165:** Schnurre, Wolfdietrich: Schuld. Aus: Protest im Parterre. München (Verlag Langen Müller) 1957. **S. 168:** Stevenson, Robert Louis: Die Schatzinsel. Frankfurt/M. (Insel Verlag) 1997. **S. 171:** Berts Megakatastrophen. Nach: Olsson, Sören, Jacobsen, Anders: Berts Megakatastrophen. Hamburg (Verlag Friedrich Oetinger) 1997, S. 150 f. **S. 190:** Brüder Grimm: Die Sterntaler. Aus: Kinder- und Hausmärchen der Brüder Grimm. Hrsg. von P. Dettmering. Eschborn (Verlag Dietmar Klotz) 1997

Bildquellen:
Titelfoto: Thomas Schulz, Hohen Neuendorf
Titelillustration: Sylvia Graupner, Annaberg
Illustrationen: Petra Ballhorn, Berlin: **S. 39, 50, 52, 62, 68, 70 f., 79, 96, 99, 118–120, 122, 124, 130, 133–137, 140, 143.** Annette von Bodecker-Büttner, Dresden: **S. 24–37, 44–49, 57–60.** Sylvia Graupner, Annaberg: **S. 9–14, 83, 85, 93 f., 110.** Susanne Hesselbarth, Markleeberg: **S. 150 f.** Cleo-Petra Kurze, Berlin: **S. 112, 117, 121, 128, 132, 144, 148 f. 152–173, 181–197.** Sandra Reckers, Münster: **S. 146.** Jens Schmidt, Berlin: **S. 174–179.** Margit Pawle, München: **S. 40.**
Fotos: S. 8, 10, 16, 17, 21, 74, 82, 101, 102, 126: Thomas Schulz, Hohen-Neuendorf; **S. 12:** dpa, Berlin; **S. 42** picture-alliance/dpa, Frankfurt a. M.; **S. 48:** ullstein-bilderdienst, Berlin; **S. 63** links: Bildarchiv Preußischer Kulturbesitz, Berlin, rechts: Louis Psihoyos/Agentur Focus; **S. 69:** Helga Lade Fotoagentur; **S. 72** links: Angelika Wagener, Berlin; rechts: argum/Frank Heller; **S. 73:** argum/Frank Heller; **S. 74:** argum/Frank Heller; **S. 77:** vario-press/Rainer Unkel; **S. 78:** Angelika Wagener, Berlin; **S. 82:** Telefonbuch: DeTeMedien, Deutsche Telekom Medien GmbH, Frankfurt a. M.; **S. 82:** Jugendlexikon und Wahrig Fremdwörter-

lexikon: Bertelsmann Lexikon Institut, Gütersloh; Unsere Welt, Atlas für Bayern: Cornelsen Verlag, Berlin; **S. 97:** Buchcover: Haie und Rochen. Tessloff Verlag, Nürnberg; Buchcover: Der Hai. Esslinger Verlag J. F. Schreiber, Esslingen; Buchcover: Fische: BLV Verlagsgesellschaft, München; Buchcover: Dein Aquarium. Franckh-Kosmos Verlag, Stuttgart; **S. 99:** W. Poelzer/Wildlife; **S. 107:** picture-alliance/dpa, Frankfurt a. M.; **S. 109** oben: Globus Infografik, Hamburg, unten: Klaus Becker, Frankfurt a. M.; **S. 125:** Bernhard Mühr/Karlsruher Wolkenatlas, Karlsruhe; **S. 127:** Angelika Wagener, Berlin; **S. 139:** Thomas Schulz, Hohen Neuendorf; **S. 141:** Peter Kunz, Berlin; **S. 171:** Buchcover: Berts Megakatastrophen. Friedrich Oetinger Verlag, Hamburg ; **S. 177:** phototek/U. Garbowsky

Nicht in allen Fällen war es uns möglich, die Rechteinhaber der Abbildungen ausfindig zu machen. Berechtigte Ansprüche werden im Rahmen der üblichen Vereinbarungen abgegolten.

Lösungen

S. 113 4 c) Das Wappen: Der Begriff Wappen stammt aus der niederdeutschen Sprache, aus Holland und Flandern. Er bedeutete zuerst „Waffen". Damit war aber nicht eine Schlagwaffe gemeint, sondern der Schild als die wichtigste Verteidigungswaffe. Während der Kreuzzüge zogen riesige Heere ins Heilige Land. Die Ritter trugen im Kampf stärkere Gesichtsbedeckungen. Die Helme ließen das Gesicht eines Ritters nicht mehr erkennen. Um jedoch Mitkämpfer und Gegner voneinander unterscheiden zu können, wurden Zeichen auf die Schilder gemalt. Später wurden die Wappen auch auf Helme, Pferdedecken, Wappenröcken und Fahnen angebracht. So entstanden in Europa zahlreiche Wappen. Auch Städte legten sich Wappen als Erkennungszeichen zu. Wappen wurden mit geometrischen Mustern, Kreuzen, Pflanzen, Tieren, Menschen, Buchstaben, Bauwerken oder Gegenständen dargestellt.
S. 125 2 b) diese Weise, größere Tropfen, die Wolke, andere Tropfen, ein Regentropfen, das ursprüngliche Tröpfchen, bei bestimmten Temperaturen, die Erdoberfläche, als Eiskörner
S. 139 4 a) kennen gelernt, Brieffreundschaft halten, beim Autofahren, das Musikhören, beim Schneeräumen, hängen lässt , Sitzenbleiben
S. 142 2 a) 1. Der Lehrer zählt auf: „Es gibt Millimeter, Dezimeter ... und was noch?" „Elfmeter!", ruft Uwe in die Klasse. **2.** Rico ist ziemlich verfressen. „Kann ich noch zwei Stück Kuchen haben?", bittet er laut. „Kannst du", antwortet seine Schwester, „nimm ein Messer und schneid dir ein Stück noch mal durch." **3.** Nora wird in der U-Bahn ohne Fahrkarte erwischt. „Warum hast du keine Fahrkarte?", fragt der Kontrolleur streng. Kess verteidigt sich das Mädchen: „Heutzutage muss doch jeder sparen."
S. 196 f. Das Lösungswort lautet: „Versuchsobjekt"
S. 198 f. Das Lösungswort lautet: „Fotoapparate"

Lösungen zum Stationentraining Rechtschreiben:

S. 157, Station 1:
b) die Rolle, die Inlineskater, die Ecken und Enden, der Boom, die Sportwissenschaftler, der Massensport, der Körper, die Gelenke, die Voraussetzung, die Ausrüstung, der Skater/die Skaterin, die Schutzpolster, die Handgelenk-, Ellenbogen- und Knieschoner, der Helm, die Schuhe, der Gummistopper, die Unfälle, der Erwachsene, die Kinder, die Kurven, das Gleichgewicht
c) die Rollen, der Inlineskater, die Ecke und das Ende, der Sportwissenschaftler, die Körper, das Gelenk, die Voraussetzungen, die Ausrüstungen, die Skater/die Skaterinnen, das Schutzpolster, der Handgelenk-, Ellenbogen- und Knieschoner, die Helme, der Schuh, die Gummistopper, der Unfall, die Erwachsenen, das Kind, die Kurve, die Gleichgewichte
S. 157, Station 2:
a) abrollen, Rollschuhe, rollenförmig, Anpassung, wissenschaftlich, massenhaft, gummiartig, Stopp, unfallfrei, schutzlos, eckig, ellenlang, Könner, Allgemeinheit
b) anpassen – angepasst, Sportwissenschaftler – wissenschaftlich, Massensport – massenhaft, Gummistopper – gummiartig, Stopp – stoppen, Unfälle – unfallfrei, schutzlos – beschützen, eckig – Ecke, Ellenbogen – ellenlang, Könner – können, Allgemeinheit – allgemein
S. 158, Station 3:
a) Knie, schief, empfehlen, es, Schuhe, höher, fahren
b) 1. Die Knie sollten beim Inlineskaten durch Schoner geschützt werden.
2. Ein Schutzhelm darf nicht schief auf dem Kopf sitzen.
3. Das Tragen eines Schutzhelms ist zu empfehlen.
4. Es ist gefährlich, ohne einen Helm zu fahren.
5. Die Schuhe sollten einen Gummistopper besitzen.
6. Je höher man einen Berg hinauffahren will, desto mehr muss man sich anstrengen.
7. Mit den Inlineskates kann man sehr schnell fahren.
S. 158, Station 4:
b) Ein Helm beim Skaten muss sein!
Neben den verschiedenen Schonern gehört auch der Helm zu der richtigen Ausrüstung beim Skaten dazu. Eine große Mehrheit der Skater verzichtet auf den Schutz eines Helms. Rund zehn Prozent der Verletzungen mit Inlineskates betreffen jedoch den Kopfbereich. Als Schutz vor schweren Verletzungen ist der Helm deshalb unverzichtbar.
S. 159, Station 5:
beherrschen, Oberfläche, versorgt, Jahr, schwer, verletzen, Sichtverhältnisse, Anfänger, besonderen, Technik, Zustand, medizinisch

Stichwortverzeichnis

A
Alphabet 83
Abkürzungen 87
Adjektive 32 f., 117, 128 f., 170 f., 192
Adverbiale Bestimmung 186 f.
Akkusativ 161, 183 ff.
Anliegen äußern 18 f., 22 f.
Anredepronomen 19
Artikel 86, 160 f.
Aufforderungssatz 180
Aussagesatz 180

B
Begleiter 160
Berichten 62 ff., 66 ff., 103
Beschreiben 34 f., 50 ff., 93, 103, 108
Bilder beschreiben 12, 63
(sachlicher) Brief 19 f., 22 f.

C
Cluster 29, 35, 75 f., 81, 96

D
Dativ 161, 183 f.
Diagramm 108 f.
Diktat 150 ff., 159
Doppelkonsonanten 136 f., 157

E
Erzählen 24 ff., 103

F
Fehlerheft 147 ff.
Fragebogen erstellen 75
Fragen formulieren 74
Fragesatz 180
Fremdwörter 140
Futur 164, 168

G
Gedicht 44 ff., 48 f.
Genitiv 86, 161
Gesprächsregeln 8 ff.
Getrennt- und Zusammenschreibung 138 f.
Groß- und Kleinschreibung 122 f., 125, 128, 157 f.

H
Hauptsatz 174 f.

I
Imperativ 51
Informieren 70 ff.
Informationen 64 f., 72 f., 77, 88 ff., 92 f., 97 f.
Internet-Suche 73, 88 ff.
Interview 74 ff.

K
Komma 142, 174 f., 177 ff.
Komparativ 171, 192
Konjunktionen 65, 175 ff., 179

L
Lesetechnik 60 f.

M
Meinungen begründen 16 f.

N
Nachschlagen 82 ff.
Nachsilben 116 f., 191
Nebensatz 174, 176 ff.
Nomen 32 f., 87, 116, 124 ff., 160 f., 191
Nominativ 161
Nominalisierung 126 ff.

O
Oberbegriff 96, 193

P
Perfekt 165, 168
Personalform 53, 85, 164 f.
Personalpronomen 168
Plakat gestalten 78, 111
Plural 86, 161, 168
Plusquamperfekt 166 f.
Prädikat 174 ff., 181 f.
Präpositionen 52, 172 f.
Präsens 103, 162, 164, 168
Präteritum 31, 36, 103, 163, 168
Probearbeit vorbereiten 110 f.

R
Rechtschreibhilfen 114 ff.
Rechtschreibkartei 146
Redensart 194 f.
Referat 79, 96 ff., 99 ff.
Rollenspiel 11, 28, 41, 71

S
Sagen 42 f.
Satzarten 180
Satzgefüge 176 ff., 198
Satzglieder 181 ff., 199
Satzreihe 174 f., 198
Schaubilder 108 f.
Schreibkonferenz 102 ff.
Schwank 38 ff.
Singular 161, 168
s-Laut 133 ff.
Steigerung 171, 192
Stichpunkte/-wörter 70, 87, 88, 92 f.
Streitgespräch 8 ff.
Subjekt 174, 181 f.
Suchbegriff 90 f.
Suchmaschinen 73, 88 ff.
Superlativ 171

T
Texte erschließen 24 ff., 92 ff., 98
Texte überarbeiten 102 ff.

U
Unterbegriff 96, 193

V
Verben 31, 36, 45, 53, 69, 85, 115, 119, 126 f., 162 ff., 188
Verbklammer 181 f.
Vergleiche 194 f.
Versuchsbeschreibung 50 ff.
Vokal 118, 130 ff.
Vorgänge beschreiben 50 ff.
Vorlesen 56 ff.
Vortrag 39, 48 f., 101

W
W-Fragen 63, 67 ff., 74, 103
Wortbausteine 114 ff., 191
Wörterbuch 83 ff., 105
Wörter trennen 86, 141
Wortfamilie 121, 191
Wortfelder 188 f.
Wörtliche Rede 30, 37, 103, 142 f.
Wortliste 144 f.
Wortstamm 191
Wandzeitung 21

Z
Zeitform 31, 162 ff., 197
Zusammengesetzte Nomen 87, 123
Zusammengesetzte Adjektive 33, 123

Zu diesem Buch gibt es ein passendes Arbeitsheft
(ISBN-13: 978-3-464-60469-4, ISBN-10: 3-464-60469-1)
und eine passende Lernsoftware
(SML: ISBN-13: 978-3-464-63686-2, ISBN-10: 3-464-63686-0,
NFL: ISBN-13: 978-3-464-63688-6, ISBN-10: 3-464-63688-7)

Das Buch wurde erarbeitet auf der Grundlage der Ausgabe von:
Ursula Burkhardt, Wolfgang Butz, Dirk Held, Carmen Kromer-Maurer
Martin Morgen, Fany Toupheksis, Marielouise Vötsch-Graf, Inge Wehrle
sowie von:
Ulrich Deters, Hannelore Gabel-Monka, Günter Haardt, Rafael Luwisch,
Helmut Peiniger, Gisela Reuschling, Heiner Schoch, Marlene Schommers,
Barbara Seeliger, Thomas Steininger, Gudrun Wietusch

Redaktion: Désirée Vossen, Mareike Zastrow
Bildrecherche: Angelika Wagener

Umschlaggestaltung: Katrin Nehm
Layoutkonzept: Christoph Schall
Layout und technische Umsetzung: Brigitte Hennig, Ulrike Kuhr

www.cornelsen.de

1. Auflage, 2. Druck 2005

Alle Drucke dieser Auflage sind inhaltlich unverändert und
können im Unterricht nebeneinander verwendet werden.

Druck: CS-Druck CornelsenStürtz, Berlin

ISBN-13: 978-3-464-60475-5
ISBN-10: 3-464-60475-6

Inhalt gedruckt auf säurefreiem Papier, umweltschonend
hergestellt aus chlorfrei gebleichten Faserstoffen.